I0003816

DO FÍSICO AO DIGITAL

MAURICIO VELLASQUEZ

Copyright © 2023 Mauricio Vellasquez

Todos os direitos reservados.

ISBN: 9798878080088

CONTEÚDO

AGRADECIMENTOS

Toda a honra e toda a glória sejam dadas a Deus. Sem Ele, não há nada que existiu, existe ou existirá. Que essa obra possa abrir seus olhos, mente e coração. Seu negócio é um canal de bençãos na sua vida e na vida de outras pessoas, por isso não deixe de se aprimorar e dar o seu melhor a cada dia. Inovações e novos aprendizados são sempre bem vindos. Que Deus abençoe a sua vida, seu negócio e sua família. Amém.

1 DO COMUM AO EXTRAORDINÁRIO

Em um mundo cada vez mais digital, onde a tecnologia avança a passos largos e as fronteiras entre o físico e o virtual se desvanecem, os negócios tradicionais enfrentam um desafio monumental. Este livro é dedicado a você, empreendedor do comércio físico, que observa com crescente preocupação as ondas da mudança digital ameaçando a estabilidade do seu negócio.

Imagine uma rua movimentada de uma cidade, onde sua loja sempre foi um ponto de referência, um local acolhedor onde os clientes entravam não apenas em busca de produtos, mas de experiências, conversas e um serviço personalizado. Essa realidade, embora ainda presente, está se transformando rapidamente. Hoje, cada vez mais, os clientes passam pela sua vitrine, mas estão com os olhos fixos em seus smartphones, comparando preços, lendo avaliações e, muitas vezes, realizando compras online antes mesmo de considerar entrar em uma loja física.

Você percebe que, enquanto seu negócio foi construído sobre alicerces sólidos de relações humanas e conhecimento profundo do produto, a concorrência digital não está apenas batendo à porta – ela já entrou, silenciosa e poderosamente, através de cada dispositivo móvel. Concorrentes que nunca colocaram os pés em uma loja física estão agora alcançando seus clientes, oferecendo conveniência, variedade e preços competitivos, tudo isso acessível com apenas alguns cliques.

Este cenário pode parecer desanimador, mas é aqui que este livro entra: para guiar você, dono de um negócio físico, através da jornada essencial de levar sua empresa para o ambiente digital. Não é apenas sobre sobrevivência; trata-se de aproveitar as oportunidades inexploradas do universo online. Vamos explorar como você pode expandir seu alcance, entender e se adaptar às expectativas dos consumidores digitais e, o mais importante, como fazer isso mantendo a essência e os valores que tornam seu negócio único.

Te convido então a embarcar nesta jornada transformadora! Este livro é o seu mapa para o sucesso digital, combinando o melhor do seu legado físico com as infinitas possibilidades do comércio eletrônico. Juntos, vamos descobrir como transformar o desafio digital em uma oportunidade de crescimento e renovação para o seu negócio.

1.1 O que é um Negócio Digital

No cerne da transformação digital está a compreensão do que realmente significa um negócio online. Não é apenas uma extensão do seu negócio físico na internet, mas uma entidade em si, com suas próprias regras, dinâmicas e oportunidades.

Um negócio online, em sua forma mais simples, é qualquer tipo de atividade comercial ou empresarial realizada na internet. Isso inclui vender produtos ou serviços, gerar receita através de publicidade online, conteúdo patrocinado, ou mesmo oferecer cursos e consultorias virtuais. Diferente de um negócio físico, onde o cliente precisa estar presente para realizar uma transação, um negócio online opera em um ambiente virtual, acessível por qualquer pessoa com uma conexão à internet.

Assim, essas são as características fundamentais de um Negócio Digital:

- Alcance Global: Diferentemente de uma loja física, um negócio online não está limitado por barreiras geográficas. Você pode alcançar clientes em diferentes cidades, países ou continentes.
- Operação 24/7: Um negócio online está aberto 24 horas por dia, sete dias por semana, permitindo que os clientes acessem seus produtos ou serviços a qualquer hora, de qualquer lugar.
- Personalização e Análise de Dados: O digital permite coletar e analisar dados dos clientes para oferecer experiências personalizadas e melhorar constantemente seus serviços.
- Custo Operacional Reduzido: Sem a necessidade de um espaço físico e com opções de automação, os negócios online podem ter custos operacionais significativamente menores.

Os tipos de negócios online mais comuns são:

- E-commerce: Vendas de produtos físicos através de uma loja virtual.
- Serviços Online: Oferta de serviços, como consultoria, design, programação, entre outros, realizados integralmente online.
- Infoprodutos: Venda de produtos digitais, como e-books, cursos online, webinars e podcasts.
- Marketing de Afiliados: Promoção de produtos ou serviços de terceiros em troca de comissões.

O e-commerce é uma das faces mais visíveis do negócio online. Com o crescimento exponencial da internet e das plataformas de mídia social, o e-commerce tornou-se uma ferramenta poderosa para alcançar novos mercados e clientes. Durante eventos como a pandemia de COVID-19, observamos uma aceleração na adoção do comércio eletrônico, tanto por parte dos consumidores quanto dos negócios.

Embora ofereça inúmeras oportunidades, o negócio online também apresenta desafios. A concorrência é acirrada, e é essencial manter-se atualizado com as tendências tecnológicas e as mudanças no comportamento do consumidor. Além disso, questões como segurança cibernética, logística de entrega e atendimento ao cliente online requerem atenção especial.

Sucintamente, essa é a base para entender como você pode transformar seu negócio físico em um negócio online bem-sucedido, aproveitando as oportunidades únicas que o mundo digital tem a oferecer. No decorrer do conteúdo desse livro, exploraremos como avaliar seu negócio atual e planejar a transição para o ambiente online de maneira eficaz e estratégica.

1.2 Quais são as vantagens de "digitalizar" seu negócio

O mundo dos negócios online oferece uma série de vantagens significativas, que podem ser particularmente atrativas para donos de negócios físicos que estão considerando a transição para o digital. Aqui, exploraremos as principais vantagens de ter um negócio online, ilustrando como esses benefícios podem transformar e potencializar sua empresa.

Acesso a um Mercado Global

- Expansão do Alcance: Diferente de uma loja física limitada pela localização geográfica, um negócio online tem o potencial de alcançar clientes em qualquer parte do mundo.
- Diversificação de Clientela: Ao operar online, você pode atrair e servir uma clientela mais diversificada, não restrita às características demográficas de uma região específica.

Redução de Custos Operacionais

- Menor Necessidade de Espaço Físico: Elimina a necessidade de manter um espaço físico grande, reduzindo custos como aluguel, manutenção e energia.
- Eficiência em Logística e Estoque: A gestão de estoque pode ser mais eficiente, com a possibilidade de dropshipping ou armazenamento centralizado.

Operação Ininterrupta

- Disponibilidade 24/7: Um negócio online pode funcionar continuamente, permitindo que os clientes façam compras a qualquer hora, aumentando assim as oportunidades de venda.
- Flexibilidade para o Empresário: Permite a você uma maior flexibilidade na gestão do seu tempo e recursos.

Personalização e Relacionamento com o Cliente

- Dados para Personalização: A capacidade de coletar e analisar dados dos clientes permite oferecer uma experiência de compra personalizada, aumentando a satisfação e fidelização do cliente.
- Marketing Direcionado: Ferramentas digitais possibilitam campanhas de marketing mais direcionadas e eficazes, com um melhor retorno sobre o investimento.

Escalabilidade

- Crescimento Acelerado: Negócios online têm potencial para crescer e escalar mais rapidamente devido ao acesso a um mercado mais amplo e à facilidade de implementar estratégias de marketing digital.
- Adaptação Rápida: A natureza digital do negócio permite uma adaptação mais rápida às mudanças de mercado e às preferências dos consumidores.

Inovação e Competitividade

- Acesso a Novas Tecnologias: O ambiente online abre portas para o uso de novas tecnologias, como inteligência artificial, para melhorar a experiência do cliente e a eficiência operacional.
- Competitividade no Mercado: Um negócio online bem estabelecido e inovador pode competir de igual para igual com grandes players do mercado.

Resiliência e Continuidade dos Negócios

- Menor Impacto de Crises Físicas: Negócios online são menos suscetíveis a interrupções causadas por crises que afetam locais físicos, como desastres naturais ou pandemias.

Assim, um negócio online pode não apenas complementar, mas também potencializar significativamente seu negócio existente.

1.3 Como tornar o meu negócio digital pode ampliar meu faturamento

A transição para o digital, mais do que uma tendência, é uma necessidade crescente no mundo dos negócios. Para um empreendedor que já possui um negócio físico, a digitalização abre portas para um universo de possibilidades, transformando desafios em oportunidades. A expansão para o online não é apenas sobre sobreviver em um mercado competitivo; é sobre prosperar, inovar e descobrir novas avenidas para crescimento e sucesso.

A digitalização amplia significativamente os canais de venda. Com uma loja online, seu negócio ganha uma presença contínua, operando 24 horas por dia, 7 dias por semana, sem as limitações geográficas de uma loja física. Este aspecto sozinho já destaca o potencial imenso para aumentar as vendas e a visibilidade da marca.

Além disso, a presença em marketplaces digitais e plataformas de e-commerce oferece não apenas um aumento na visibilidade, mas também uma oportunidade de se conectar com um público diversificado e global.

Um aspecto crucial da digitalização é a otimização de processos e a redução de custos operacionais. A automação de tarefas, como gestão de estoque, atendimento ao cliente e processamento de pedidos, torna as operações mais eficientes e econômicas. A economia gerada com a redução de custos de manutenção de espaço físico e despesas com pessoal pode ser reinvestida para impulsionar outras áreas do negócio.

No que diz respeito ao marketing e publicidade, a digitalização oferece ferramentas mais eficazes e direcionadas. As campanhas de marketing digital permitem uma segmentação precisa, garantindo que seus esforços de marketing atinjam exatamente o público que você deseja. As redes sociais, por sua vez, são plataformas poderosas para construir uma marca forte, promover engajamento e fomentar uma comunidade em torno do seu negócio. A capacidade de se conectar e interagir diretamente com os clientes cria um nível de lealdade e engajamento que é difícil de alcançar por meio de canais tradicionais.

Outro benefício inestimável da digitalização é o acesso a dados e insights valiosos sobre os clientes. A análise desses dados permite compreender melhor as necessidades e preferências do seu público, possibilitando a oferta de produtos e serviços mais alinhados com suas expectativas. Esse nível de personalização melhora a experiência do cliente, aumentando a satisfação e a fidelidade.

A digitalização também abre caminho para a diversificação de produtos e serviços. A criação de produtos digitais, como e-books, cursos online ou webinars, pode ser uma excelente fonte de receita adicional. Oferecer serviços online, como consultorias ou atendimentos virtuais, expande ainda mais as possibilidades do seu negócio.

Além disso, a capacidade de alcançar novos mercados é tremendamente ampliada. A digitalização permite que você explore novos segmentos de mercado e expanda sua atuação para além das fronteiras nacionais, acessando clientes internacionais com facilidade.

Por fim, a resiliência e flexibilidade são aspectos fundamentais que a digitalização traz. Em um mundo onde mudanças de mercado e tendências de consumo acontecem rapidamente, a capacidade de se adaptar e responder a essas mudanças é crucial. Em tempos de crise, como pandemias ou desastres naturais, um negócio digital pode continuar operando quando um físico não pode, garantindo a continuidade e a estabilidade do negócio.

A digitalização, portanto, é uma alavanca poderosa para o crescimento, inovação e sucesso a longo prazo de seu negócio. Com as estratégias certas e uma abordagem bem planejada, a transição para o digital pode abrir um leque de oportunidades, garantindo que seu negócio não apenas sobreviva, mas prospere no cenário empresarial moderno.

Nas páginas anteriores exploramos o essencial do que constitui um negócio online, desvendamos as vantagens inerentes à operação digital e, mais importante, discutimos como a digitalização pode ser um poderoso catalisador para o crescimento do seu negócio. Estas páginas não apenas lançaram luz sobre os conceitos fundamentais, mas também serviram para inspirar e preparar você para a transformação digital do seu empreendimento existente ou futuro.

Contudo, antes de mergulharmos de cabeça na digitalização, é crucial dar um passo atrás e entender o cenário em que seu negócio digital irá operar. O próximo capítulo é dedicado a um dos aspectos mais cruciais na jornada de qualquer negócio: a Pesquisa de Mercado. Aqui, vamos abordar como compreender profundamente o mercado online, identificar seu público-alvo, analisar concorrentes e, acima de tudo, como usar essas informações para tomar decisões estratégicas. Este conhecimento não apenas orientará suas ações no mundo digital, mas também será a base para o sucesso sustentável do seu negócio na nova era digital.

2 O ALICERCE

Adentrar o mundo digital requer mais do que apenas um conhecimento tecnológico ou uma presença online; exige um entendimento profundo do mercado em que você está entrando. A pesquisa de mercado é um componente crítico dessa jornada, servindo como bússola para orientar suas decisões e estratégias. Ela é a chave para compreender seu ambiente de negócios, identificar oportunidades, prever desafios e, acima de tudo, entender quem são seus clientes e o que eles realmente desejam.

No cerne da pesquisa de mercado está a identificação do público-alvo. Esta tarefa pode ser abordada de duas maneiras distintas, cada uma com suas próprias forças e insights únicos: a abordagem empírica, que envolve a criação de Personas Circunstanciais, e a abordagem analítica, baseada na análise de dados de clientes já existentes.

A criação de Personas Circunstanciais é uma técnica empírica que envolve a construção de perfis de clientes ideais baseados em uma combinação de características demográficas, comportamentais, psicográficas e situacionais. Esta abordagem permite visualizar o cliente ideal, entender suas necessidades, desejos e dores, e como seu produto ou serviço se encaixa em suas vidas. Embora baseada em suposições e cenários hipotéticos, esta técnica é extremamente útil para delinear estratégias de marketing, desenvolvimento de produtos e experiência do cliente.

Por outro lado, a abordagem analítica foca na mineração de dados e análise de informações concretas dos seus clientes atuais. Isso envolve estudar padrões de compra, preferências, feedbacks e comportamentos online. Esta abordagem oferece insights valiosos e baseados em evidências sobre quem são seus clientes, o que eles valorizam e como eles interagem com sua marca e produtos. A análise de dados pode revelar tendências ocultas, segmentos de mercado não explorados e oportunidades para personalização e melhorias.

Ambas as abordagens são complementares e, quando usadas em conjunto, fornecem uma compreensão abrangente e multifacetada do mercado e dos clientes. Com esse conhecimento em mãos, você pode criar estratégias mais eficazes, direcionar seus esforços de marketing com precisão e, em última instância, construir uma presença online que ressoa poderosamente com seu público.

A pesquisa de mercado é mais do que uma etapa inicial; é um processo contínuo de aprendizado e adaptação. À medida que o mercado muda e novas tendências emergem, a capacidade de se manter informado e adaptável será vital para o sucesso contínuo do seu negócio no espaço digital. Este capítulo é dedicado a desvendar as nuances da pesquisa de mercado, equipando-o com as ferramentas e o conhecimento necessários para fazer escolhas informadas e estratégicas no caminho para a digitalização do seu negócio.

2.1 Como Identificar o Seu Público-Alvo

Identificar o seu público-alvo é um passo fundamental para qualquer negócio, especialmente quando se está transitando do físico para o digital. Conhecer quem são seus clientes potenciais não apenas orienta suas estratégias de marketing e vendas, mas também ajuda a personalizar a experiência do cliente, desenvolver produtos mais alinhados às necessidades do mercado e posicionar seu negócio para o sucesso. Aqui estão algumas etapas essenciais para identificar seu público-alvo no ambiente online.

Análise de Clientes Atuais

Comece examinando seus clientes atuais. Quem são as pessoas que já compram de você? Analisar informações como idade, sexo, localização geográfica, interesses e comportamento de compra pode oferecer uma base sólida para entender seu público-alvo. Esta análise pode revelar padrões e tendências que ajudarão a definir seu público-alvo no ambiente digital.

Aqui está um checklist para a análise dos clientes atuais da empresa, visando estipular um público-alvo:

Etapa	Descrição
Coleta de Dados Demográficos	- Idade - Gênero- Localização- Nível de educação- Profissão- Renda estimada
Análise de Comportamento de Compra	- Frequência de compra- Categorias de produtos/serviços mais comprados- Valor médio de compra- Preferências de pagamento
Estudo de Padrões Online	- Atividade em seu site (páginas mais visitadas, tempo de permanência) - Interação nas redes sociais (comentários, curtidas, compartilhamentos)
Feedback e Avaliações	- Coletar e analisar feedback de clientes- Avaliações de produtos/serviços- Reclamações e sugestões
Segmentação de Clientes	- Agrupar clientes em segmentos baseados em características comuns- Identificar padrões entre diferentes segmentos
Perfil de Lealdade do Cliente	- Identificar clientes frequentes e leais- Entender as razões para sua lealdade- Analisar o ciclo de vida do cliente com a marca
Análise de Tendências de Mercado	- Observar mudanças nas preferências dos clientes ao longo do tempo - Identificar novas demandas ou interesses emergentes
Comunicação e Engajamento	- Avaliar a eficácia da comunicação atual com os clientes - Identificar canais mais efetivos para engajamento

Este checklist proporciona uma abordagem estruturada para entender profundamente seus clientes atuais. A análise desses aspectos fornece insights valiosos sobre quem são seus compradores, o que eles valorizam, e como preferem interagir com sua empresa. Essas informações são cruciais para definir e aprimorar seu público-alvo no ambiente digital.

Criação de Personas

Criar personas, que são representações semi-fictícias do seu cliente ideal, pode ser extremamente útil. Essas personas são construídas com base em dados reais e suposições educadas sobre comportamento, motivações, metas e desafios. Ao criar personas detalhadas, você ganha uma compreensão mais profunda de quem é seu cliente, o que ele valoriza e como ele interage com o mundo online.

Esse é um checklist básico para te auxiliar a criar uma Persona Circunstancial para seu negócio/produto.

Etapa	Descrição
Definição de Identidade Básica	- Nome fictício – Idade – Gênero - Localização geográfica - Nível de educação - Estado civil - Profissão
Contexto de Vida	- Estilo de vida (urbano, rural, etc.) - Hobbies e interesses - Rotina diária - Valores e crenças pessoais
Comportamento Online	- Plataformas digitais utilizadas (redes sociais, fóruns, blogs, etc.) - Comportamento de navegação e compra online - Dispositivos mais utilizados
Objetivos e Desafios	- Metas pessoais e profissionais - Principais desafios e obstáculos enfrentados - O que busca alcançar com seu produto/serviço
Necessidades e Preferências	- Preferências de produtos/serviços - Necessidades não atendidas pelo mercado - Critérios de decisão de compra
Influências e Motivações	- Quem ou o que influencia suas decisões (influenciadores, amigos, família) - Motivações para escolher um produto/serviço - Fatores que impulsionam a lealdade
Ponto de Dor e Solução	- Problemas específicos que enfrenta - Como seu produto/serviço pode resolver esses problemas - Benefícios e valor agregado proporcionado pelo seu negócio

Análise de Dados

O uso de ferramentas analíticas online pode fornecer insights valiosos sobre o comportamento dos usuários no seu site ou nas suas plataformas de mídia social. Analisar métricas como taxas de cliques, tempo de permanência na página, padrões de navegação e engajamento nas redes sociais pode revelar muito sobre os interesses e preferências do seu público. Existem diversas ferramentas disponíveis que podem ajudar nessa tarefa, cada uma com suas características específicas.

A análise de dados é uma parte fundamental na definição do público-alvo para o seu negócio digital. Existem diversas ferramentas disponíveis que podem ajudar nessa tarefa, cada uma com suas características específicas.

O Google Analytics é uma das ferramentas mais populares e poderosas para análise de dados online. É especialmente útil para compreender o comportamento dos usuários em seu site. Você pode ver de onde seus visitantes estão vindo, quais páginas eles visitam mais, quanto tempo permanecem no site e a taxa de conversão de diferentes páginas. Esses insights são valiosos para entender o que atrai e mantém o interesse dos clientes. Ao integrar o Google Analytics com sua loja online, você pode rastrear o percurso do cliente desde a entrada no site até a realização de uma compra, ajudando a identificar padrões e preferências de seus clientes atuais.

Para quem utiliza o Facebook/Instagram como uma de suas plataformas de mídia social, o Facebook Insights oferece uma visão detalhada sobre o engajamento com seu conteúdo. Essa ferramenta permite analisar o alcance de suas publicações, as interações (curtidas, comentários, compartilhamentos) e informações demográficas sobre seu público, como idade, gênero e localização. Essas informações são cruciais para entender quem está interagindo com sua marca nas redes sociais, o que pode ser um reflexo ou uma extensão do seu público-alvo online.

Ferramentas de CRM, como o Salesforce ou o HubSpot, também são extremamente úteis para analisar o banco de dados de clientes atuais. Elas permitem organizar informações detalhadas sobre os clientes, acompanhar interações passadas, e analisar padrões de compra. Ao utilizar essas informações, você pode segmentar sua base de clientes, identificar seus clientes mais valiosos e entender quais aspectos do seu negócio atraem diferentes segmentos. Isso é especialmente útil para personalizar a abordagem de marketing e adaptar seus produtos ou serviços às necessidades específicas de diferentes grupos.

Google Trends é uma ferramenta útil para entender as tendências de mercado e os interesses do público. Embora não forneça dados diretamente de seus clientes, ajuda a compreender as mudanças nas preferências do consumidor e os tópicos que estão ganhando popularidade. Você pode usar essa ferramenta para identificar tendências emergentes em seu setor e ajustar sua estratégia de marketing e desenvolvimento de produtos para atender às demandas atuais do mercado.

Cada uma dessas ferramentas oferece uma perspectiva única sobre seus clientes e o mercado. Ao utilizá-las em conjunto, você pode obter uma visão abrangente e precisa do seu público-alvo, o que é essencial para o sucesso do seu negócio digital.

Interagir diretamente com os clientes através de redes sociais, fóruns online e feedbacks de produtos/serviços é uma maneira excelente de entender seu público. Estas interações podem oferecer insights valiosos sobre o que os clientes pensam do seu negócio, o que eles precisam e como você pode melhorar sua oferta.

Por fim, a identificação do público-alvo é um processo contínuo. Esteja preparado para testar suas suposições, adaptar suas estratégias e evoluir com base em novas informações e mudanças no mercado. A flexibilidade e a capacidade de aprender com os dados e feedbacks são cruciais para manter seu negócio alinhado com as necessidades e desejos do seu público.

Ao seguir estas etapas para identificar seu público-alvo, você estará bem equipado para criar estratégias de marketing eficazes, desenvolver produtos ou serviços que atendam às expectativas dos clientes e posicionar seu negócio online para o sucesso.

2.2 Necessidades e Desejos

Após identificar o seu público-alvo, o próximo passo é compreender profundamente suas necessidades e desejos. Este entendimento é crucial para criar ofertas, mensagens e experiências que ressoem verdadeiramente com eles, elevando assim as chances de sucesso do seu negócio digital.

Necessidades e desejos do público-alvo não são apenas sobre o que eles querem comprar, mas também sobre o que eles valorizam, suas dores, desafios, aspirações e o que os motiva. Para decifrar esse enigma, é necessário um mergulho profundo em sua psicologia, comportamento e estilo de vida.

Comece analisando os dados que você já tem dos seus clientes atuais e veja se existem padrões ou comentários recorrentes sobre o que eles buscam ou quais problemas eles precisam resolver. Combine isso com a pesquisa de mercado e dados demográficos para formar uma imagem mais completa.

Além disso, considere a realização de pesquisas e questionários para obter feedback direto. Pergunte sobre suas experiências com seus produtos ou serviços, o que eles valorizam neles, e o que poderia ser melhorado. Este feedback direto é inestimável para entender as necessidades e desejos do seu público.

Outra estratégia eficaz é observar e interagir com o seu público nas redes sociais. As discussões e interações online podem oferecer insights sobre suas preferências, interesses e a maneira como falam sobre produtos ou serviços similares ao seu. Um método que pode ser utilizado é entrar no perfil aberto de instagram de seus seguidores e observar padrões como viagens, alimentação, gostos, hábitos; esse método é conhecido como "Stalking".

Por fim, mantenha-se atualizado sobre as tendências do setor e mudanças no mercado que possam afetar os desejos e necessidades do seu público. O ambiente digital é dinâmico, e as preferências dos consumidores podem mudar rapidamente. Estar atento a essas mudanças ajuda a manter seu negócio relevante e alinhado com o que seu público busca.

A criação e análise do seu público-alvo é um processo contínuo. À medida que seu negócio cresce e evolui, o mesmo acontece com seu público. Portanto, essa análise deve ser revisitada regularmente para garantir que suas estratégias de negócios permaneçam eficazes e relevantes.

Mas em termos práticos, como saber/entender meu público-alvo pode me ajudar a expandir meu negócio digitalmente e aumentar meu faturamento?

Entender as necessidades e desejos do seu público-alvo é a chave para planejar efetivamente a criação de conteúdo e o desenvolvimento de uma esteira de produtos. Esta compreensão não só direciona a forma e o tom do conteúdo que você cria, mas também influencia o design e a oferta de produtos que atendam às expectativas e aspirações do seu público. Além disso, a *Teoria da Transformação* oferece um modelo valioso para estruturar sua esteira de produtos.

Esta abordagem não apenas oferece valor contínuo ao cliente, mas também cria oportunidades de receita em diferentes níveis de engajamento e necessidade. Cada etapa da esteira de produtos deve ser projetada para levar o cliente a um passo adiante em sua jornada de transformação.

A teoria da transformação é fundamental na criação de uma esteira de produtos. Ela se concentra em como seus produtos ou serviços podem ajudar os clientes a passar de seu estado atual para um estado desejado. Ao entender as necessidades e desejos do seu público, você pode criar uma narrativa de transformação que se alinhe com suas aspirações.

Uma esteira de produtos é uma sequência de ofertas que conduzem o cliente através de um caminho de transformação. Cada produto na esteira é projetado para levar o cliente do ponto A (seu estado atual) ao ponto B (seu estado desejado). Por exemplo, se você está no negócio de fitness e bem-estar, sua esteira pode começar com um e-book gratuito sobre fundamentos de uma vida saudável, seguido por um curso online pago sobre nutrição, depois um programa de treinamento personalizado, e finalmente uma consultoria de estilo de vida premium.

Por exemplo, se o seu público-alvo consiste em pequenos empresários que lutam com marketing digital, o ponto A é a luta atual com marketing, e o ponto B é tornar-se competente e bem-sucedido em marketing digital. Sua esteira de produtos pode incluir uma série de ofertas que gradualmente ajudam esses empresários a alcançar a proficiência em marketing digital, cada um construindo valor sobre a anterior. Assim, ao invés de vender apenas um produto para esse cliente, são oferecidos vários produtos que promovem pequenas transformações, aumentando sua autoridade, reconhecimento e, consequentemente, seu faturamento.

Compreender os desejos e necessidades do seu público-alvo e aplicar a teoria da transformação permite que você crie conteúdo relevante e desenvolva uma esteira de produtos que não apenas atenda às expectativas do seu público, mas também os guie em uma jornada de crescimento e melhoria. Isso estabelece uma relação profunda e duradoura com seus clientes, posicionando sua marca como um facilitador chave em sua transformação pessoal ou profissional. Por exemplo, se você identificou que seu público está buscando soluções para melhorar a produtividade no trabalho, seu conteúdo pode incluir dicas práticas, estudos de caso, webinars e posts de blog que abordem diretamente este tópico. O conteúdo deve ser projetado para educar, engajar e inspirar seu público, posicionando sua marca como uma fonte confiável e útil que entende suas necessidades.

Para melhorar seu entendimento, aqui está um exemplo de uma jornada de transformação de uma Persona Circunstancial do nicho de Estética, mas que pode ser replicada para qualquer nicho após um mapeamento adequado de necessidades e desejos. Para isso, vamos considerar que somos donos de uma clínica estética que oferece uma gama diversificada de procedimentos. A jornada de transformação de uma cliente nesta clínica pode ser estruturada da seguinte maneira:

Ponto de Partida (Ponto A): Ana tem 45 anos e sente-se insatisfeita com sua aparência devido a problemas de pele e envelhecimento. Ela busca soluções para melhorar sua autoestima e rejuvenescer sua aparência.

1. Educação e Conscientização (Primeiro Estágio):

Serviço Oferecido: Consultas informativas gratuitas e conteúdo educativo online sobre cuidados com a pele e procedimentos estéticos.

Transformação: Ana ganha conhecimento sobre cuidados com a pele e os diversos procedimentos disponíveis. Ela começa a entender o que pode ser apropriado para suas necessidades específicas.

2. Introdução a Tratamentos Leves (Segundo Estágio):

Serviço Oferecido: Tratamentos faciais não invasivos, como limpeza de pele, peeling químico leve ou microdermoabrasão.

Transformação: Ana experimenta melhorias visíveis em sua pele, o que aumenta sua confiança e a encoraja a continuar com tratamentos mais avançados.

3. Procedimentos Personalizados (Terceiro Estágio):

Serviço Oferecido: Procedimentos mais específicos e personalizados, como preenchimentos dérmicos, botox ou tratamentos a laser.

Transformação: Ana observa resultados significativos, como redução de linhas de expressão e melhora na textura da pele, o que contribui para um aumento ainda maior em sua autoestima.

4. Manutenção e Cuidado Contínuo (Quarto Estágio):

Serviço Oferecido: Programas de manutenção regulares e tratamentos avançados para sustentar os resultados.

Transformação: Ana mantém a aparência rejuvenescida e se sente continuamente satisfeita com sua imagem, consolidando a fidelidade à clínica.

5. Embaixadora da Marca (Quinto Estágio):

Serviço Oferecido: Programas de referência ou afiliados, onde Ana pode compartilhar suas experiências positivas e receber benefícios por trazer novos clientes.

Transformação: Ana se torna uma defensora da marca, compartilhando sua jornada positiva com amigos e família, aumentando a visibilidade e reputação da clínica.

Ponto de Chegada (Ponto B): Ana alcança não apenas uma melhoria na sua aparência, mas também um aumento significativo na autoconfiança e bem-estar. Ela se torna uma cliente fiel e defensora da clínica, promovendo-a dentro de seu círculo social.

Esta jornada de transformação exemplifica como uma clínica estética pode guiar uma cliente através de uma série de experiências que não só atendem às suas necessidades imediatas, mas também promovem um relacionamento duradouro e mutuamente benéfico.

3 DEFININDO PRODUTOS E SERVIÇOS: ADAPTAÇÃO E INOVAÇÃO

Após o entendimento do público alvo, a definição de produtos e serviços é um elemento crucial. Para os empreendedores que já possuem um negócio físico, o desafio não se limita a simplesmente transferir o que já oferecem para uma plataforma online; trata-se de uma oportunidade para adaptar, inovar e expandir. Este capítulo aborda como você pode transformar seus produtos e serviços existentes para o mundo digital e também explorar novas possibilidades que este ambiente oferece.

Primeiramente, é essencial reconhecer que muitos dos produtos e serviços que você já oferece no seu negócio físico podem ser adaptados para o online. Isso pode envolver mudanças na forma de entrega, como a implementação de sistemas de e-commerce para produtos físicos ou a transição de serviços presenciais para formatos virtuais, como consultorias ou aulas online. A chave é entender como você pode manter a essência e a qualidade do que oferece, enquanto adapta a experiência para atender às expectativas dos clientes online.

Além disso, o ambiente digital abre portas para a criação de novos tipos de ofertas, como infoprodutos e treinamentos online. Estes formatos permitem que você alcance um público mais amplo e ofereça seu conhecimento e experiência de maneiras inovadoras e escaláveis. Infoprodutos, como e-books, cursos online, webinars e podcasts, podem ser ferramentas valiosas para estabelecer sua autoridade em seu campo e gerar novas fontes de receita.

Ao longo deste capítulo, vamos explorar em detalhes como identificar quais produtos ou serviços você pode oferecer online, como diferenciá-los da concorrência, e como garantir que a qualidade do que você oferece permaneça alta, independente do formato. A meta é garantir que, ao final deste capítulo, você tenha uma visão clara de como seus produtos e serviços podem florescer no ambiente digital, criando valor adicional para seus clientes e ampliando as fronteiras do seu negócio.

3.1 Quais Produtos ou Serviços Você Pode Oferecer Online

A transição para o online oferece novas possibilidades para os negócios, desde a venda de produtos físicos até a prestação de serviços em um formato virtual. Vamos explorar como diferentes tipos de produtos e serviços podem ser adaptados e oferecidos online, destacando exemplos práticos.

Para negócios que já comercializam produtos físicos, criar uma loja virtual é um passo natural. Este canal online permite alcançar clientes além das fronteiras geográficas da loja física. A experiência de compra digital deve ser fluida e agradável, com uma atenção especial para logística de entrega eficiente e políticas de retorno claras.

Profissionais como nutricionistas, médicos, advogados e personal trainers podem oferecer consultas e sessões através de plataformas online. Por exemplo, nutricionistas podem realizar avaliações de dieta e planos de alimentação via videoconferência. Médicos podem oferecer teleconsultas para casos que não requerem exame físico. Advogados podem realizar consultas e até mesmo mediar negociações e acordos online. Personal trainers podem oferecer sessões de treino ao vivo ou gravadas, permitindo flexibilidade tanto para o treinador quanto para o cliente.

A criação de infoprodutos é uma maneira excelente de compartilhar conhecimento e experiência. Cursos online, e-books, webinars e podcasts podem ser desenvolvidos em diversos temas, desde habilidades profissionais até hobbies e desenvolvimento pessoal. Estes produtos são escaláveis, permitindo alcançar um grande número de pessoas sem um aumento proporcional nos custos de produção e distribuição.

Modelos de assinatura são ideais para criar uma receita recorrente. Este modelo pode ser aplicado em uma variedade de negócios, desde clubes de assinatura de livros até plataformas de aprendizado online. Oferecer conteúdo ou produtos exclusivos para assinantes pode criar um senso de comunidade e fidelidade à marca.

Experiências digitais, como eventos virtuais e realidade virtual, são formas inovadoras de engajar o público. Estes formatos são particularmente atraentes em tempos onde as experiências presenciais são limitadas. Por exemplo, uma galeria de arte pode oferecer tours virtuais, enquanto músicos podem realizar concertos online.

Para negócios que envolvem tecnologia, oferecer suporte e manutenção online é uma forma de manter a satisfação e fidelidade do cliente. Desde suporte técnico para eletrônicos até atualizações de software, esses serviços podem ser facilmente adaptados para o formato digital.

Negócios que oferecem produtos personalizados podem se beneficiar do modelo online, permitindo que os clientes customizem seus produtos através de um site. Isso pode variar desde camisetas personalizadas até itens impressos em 3D sob demanda.

Cada um desses exemplos mostra como os negócios podem não apenas replicar, mas também melhorar e expandir suas ofertas no ambiente digital. A chave para o sucesso online é entender as necessidades do seu público e como seus produtos ou serviços podem ser adaptados para atender ou superar essas expectativas no mundo digital.

3.2 Como diferenciar seus produtos ou serviços dos da concorrência

Diferenciar produtos ou serviços da concorrência é essencial para o sucesso de qualquer negócio, especialmente no ambiente digital. Utilizar estratégias como a Proposta Única de Valor (PUV) e o conceito de Produto Mínimo Viável (MVP) são formas eficazes de alcançar essa diferenciação.

Proposta Única de Valor (PUV)

A Proposta Única de Valor (PUV) é um elemento crucial na diferenciação de um negócio no mercado competitivo de hoje. Ela não é apenas uma afirmação sobre o que você faz ou vende; é a essência do que torna o seu negócio único, a razão pela qual os clientes devem escolher você em vez da concorrência. Para criar uma PUV eficaz, é necessário entender profundamente tanto o seu negócio quanto os seus clientes.

O primeiro passo na criação de uma PUV eficaz é uma compreensão aprofundada do seu mercado e do seu cliente ideal, como já vimos anteriormente. Isso envolve pesquisar quem são seus clientes, quais são seus desejos e necessidades, e como eles se comportam. Igualmente importante é entender seus concorrentes: o que eles oferecem e como você pode se diferenciar deles, para isso, utilize amplamente suas redes sociais para acompanhar as ações da sua concorrência.

Uma PUV eficaz geralmente incorpora um ou mais dos seguintes elementos:
- Inovação: Oferecer algo novo e inovador que ainda não está disponível no mercado pode ser um diferencial significativo.
- Personalização: Capacidade de personalizar produtos ou serviços para atender às necessidades específicas dos clientes.
- Design e Estética: Um design atraente, seja em embalagens, na apresentação do produto ou no layout do site, pode atrair e reter clientes.

- Funcionalidades Exclusivas: Oferecer soluções únicas ou funcionalidades adicionais que resolvam problemas específicos dos clientes.
- Status: Alguns produtos ou serviços são desejáveis pelo status que conferem, atraindo clientes que buscam exclusividade ou reconhecimento.
- Preço Competitivo: Embora um preço baixo possa ser atraente, é crucial equilibrar preço e qualidade para não desvalorizar a oferta.
- Conveniência: Facilidade de uso, acessibilidade e eficiência podem ser fatores decisivos para muitos clientes.

Em termos práticos, considere os seguintes processos para desenvolver uma PUV eficaz:

Etapa	Ações e Considerações
Identifique o que torna seu negócio único	- Reflita sobre os aspectos únicos do seu negócio - Pode ser a qualidade do produto, serviço ao cliente excepcional, expertise única, etc.
Conheça seu cliente	- Entenda quem é seu cliente ideal - Descubra o que ele valoriza - Alinhe sua PUV com as necessidades e desejos deles.
Comunique sua PUV claramente	- Garanta que a PUV seja fácil de entender e comunicar - Torne-a evidente em todos os pontos de contato com o cliente (marketing, atendimento, entrega).
Teste e refine	- Lembre-se de que a PUV não é estática - Teste e refine-a continuamente com base no feedback dos clientes e nas mudanças do mercado.

Uma PUV bem desenvolvida não apenas ajuda a atrair clientes, mas também cria uma base sólida para a lealdade e defesa da marca. Ela serve como um guia para todas as decisões de negócios, desde o desenvolvimento de produtos até estratégias de marketing e vendas. Com uma PUV clara e convincente, você pode estabelecer seu negócio como uma escolha preferencial no mercado, destacando-se efetivamente da concorrência.

A elaboração de uma Proposta Única de Valor (PUV) eficaz é apenas o primeiro passo no caminho para diferenciar seus produtos ou serviços no mercado competitivo. Uma vez que você tenha definido o que torna seu negócio único, o próximo passo crucial é validar essa proposta no mundo real. Aqui entra o conceito de Produto Mínimo Viável (MVP). O MVP permite testar sua PUV com um esforço e investimento mínimos, oferecendo uma abordagem pragmática e orientada a dados para compreender se o mercado realmente responde à sua proposta como esperado. Ao combinar a clareza de uma PUV forte com a agilidade e eficiência do MVP, você cria um caminho poderoso para lançar produtos e serviços que não apenas atendem às necessidades do mercado, mas também se destacam em um cenário competitivo.

Produto Mínimo Viável (MVP)

O MVP é uma versão enxuta de um produto ou serviço, contendo apenas as funcionalidades essenciais. É usado para testar a viabilidade de uma ideia com um investimento reduzido. Os principais objetivos do MVP são testar a viabilidade de uma ideia e reduzir recursos investidos no lançamento de uma solução. Alguns tipos de MVP incluem o MVP Concierge, o MVP Fumaça e o MVP Protótipo.

No MVP Concierge, a ênfase está em fornecer um serviço personalizado e próximo ao cliente, semelhante ao de um concierge de hotel. Por exemplo, imagine uma startup que planeja lançar um aplicativo de planejamento de viagens personalizado. Antes de desenvolver o aplicativo, a equipe pode começar oferecendo serviços de planejamento de viagens manualmente para um grupo selecionado de clientes. Eles coletam informações sobre preferências de viagem, orçamento e interesses dos clientes e, em seguida, criam itinerários personalizados. Este método permite que a startup entenda profundamente as necessidades dos clientes e colete feedback valioso antes de investir na tecnologia.

O MVP Fumaça é utilizado para medir o interesse do mercado em um produto ou serviço que ainda está em desenvolvimento. Por exemplo, uma empresa que pretende lançar um novo tipo de equipamento de exercícios pode criar uma landing page detalhando as características e benefícios do produto, acompanhada de um vídeo conceitual. Os visitantes da página são convidados a se inscrever para mais informações ou para um acesso antecipado ao produto. A taxa de conversão da página e os dados coletados dos inscritos fornecem indicações valiosas sobre o nível de interesse do mercado na nova invenção.

A prototipagem (MVP Protótipo) é ideal para testar a interação do usuário com o produto. Considere, por exemplo, uma empresa que está desenvolvendo um novo gadget tecnológico. Antes de iniciar a produção em massa, a empresa cria um protótipo funcional e o disponibiliza para um grupo de teste. Esse grupo usa o produto e fornece feedback sobre sua funcionalidade, usabilidade e apelo geral. Esta abordagem ajuda a empresa a identificar e corrigir problemas, ajustar o design e aprimorar a experiência do usuário antes do lançamento final.

O processo de criação de um MVP visa minimizar riscos e investimentos enquanto maximiza as chances de lançar um produto ou serviço que atende ao seu mercado consumidor. Para a criação de um MVP, considere os seguintes processos:

Etapa	Ações e Considerações
Definição de Objetivos	- Determine o que você quer testar com o MVP (viabilidade, interesse do mercado, funcionalidade, etc.).
Escolha do Tipo de MVP	- Escolha o tipo de MVP adequado à sua ideia (Concierge, Fumaça, Protótipo, etc.).
Desenvolvimento do MVP	- Desenvolva o MVP com foco nas funcionalidades essenciais para o teste.
Seleção do Público de Teste	- Defina e selecione um grupo de usuários para testar o MVP.
Lançamento e Coleta de Feedback	- Lance o MVP para o grupo de teste e colete feedback (usabilidade, interesse, melhorias necessárias).
Análise e Ajustes	- Analise o feedback e faça os ajustes necessários no produto ou serviço.
Decisão de Iteração ou Escala	- Decida se é necessário iterar e refinar o MVP ou se está pronto para escalar.

A combinação dessas estratégias — desenvolver uma PUV forte e utilizar o conceito de MVP — permite que empresas de todos os tamanhos testem, ajustem e lancem produtos ou serviços que se destacam no mercado. Ao focar na criação de uma experiência única para o cliente e testar suas ideias com MVPs, as empresas podem efetivamente diferenciar suas ofertas da concorrência e maximizar suas chances de sucesso no mercado.

3.3 Como garantir a qualidade dos seus produtos ou serviços

Garantir a qualidade dos produtos ou serviços no ambiente digital é fundamental para construir e manter a confiança do cliente, bem como para se destacar em um mercado competitivo. Existem várias estratégias e práticas que você pode adotar para assegurar que sua oferta online atenda e supere as expectativas dos clientes.

A qualidade começa com a experiência do cliente. Desde o primeiro ponto de contato até o pós-venda, cada interação deve ser cuidadosamente gerenciada para garantir satisfação. Isso inclui uma navegação intuitiva no site, um processo de compra simplificado, suporte ao cliente eficaz e uma política de retorno clara. Estas medidas não só melhoram a experiência do cliente, mas também refletem positivamente na percepção da qualidade do seu produto ou serviço.

Para produtos físicos, implemente um processo de controle de qualidade rigoroso em todas as etapas da produção. Isso pode envolver inspeções regulares, testes de produtos e monitoramento da cadeia de suprimentos. Para serviços ou produtos digitais, como softwares ou aplicativos, os testes devem ser uma prática contínua. Isso inclui testes de usabilidade, desempenho e segurança, garantindo que o produto funcione sem problemas em diferentes dispositivos e plataformas.

O feedback dos clientes é uma ferramenta valiosa para garantir a qualidade. Encoraje os clientes a deixar avaliações e feedback sobre seus produtos ou serviços. Utilize esses dados para identificar áreas de melhoria e implementar mudanças. A melhoria contínua deve ser parte da cultura da sua empresa, com a equipe sempre em busca de maneiras de aprimorar a oferta e a experiência do cliente.

Dependendo do seu setor, aderir a padrões de qualidade reconhecidos e obter certificações relevantes pode ser uma maneira eficaz de demonstrar seu compromisso com a qualidade. Isso não só oferece uma garantia aos clientes, mas também estabelece um framework interno para manter os padrões de qualidade.

Para negócios que dependem de fornecedores ou parceiros, é crucial escolher entidades que compartilhem seu compromisso com a qualidade. Uma cadeia de suprimentos confiável e parceiros de alta qualidade contribuem significativamente para a qualidade do produto final.

A qualidade é também uma função da competência e do engajamento da equipe. Investir em treinamento e desenvolvimento ajuda a assegurar que cada membro da equipe compreenda a importância da qualidade e esteja equipado para contribuir para ela.

Finalmente, estabeleça sistemas de monitoramento e análise para acompanhar continuamente a qualidade. Isso pode incluir análise de dados de vendas, avaliações de clientes e outros indicadores de desempenho. Esses insights permitem que você identifique rapidamente quaisquer problemas de qualidade e tome medidas corretivas.

Ao implementar essas práticas, você pode garantir que a qualidade dos seus produtos ou serviços esteja sempre no mais alto nível, criando uma base sólida de clientes satisfeitos e leais.

4 REVOLUÇÃO DO E-COMMERCE

A ascensão do comércio eletrônico revolucionou a forma como as empresas vendem produtos e serviços. Com o avanço da tecnologia e a proliferação de plataformas de e-commerce, nunca foi tão acessível e viável para negócios de todos os tamanhos criarem suas lojas virtuais. Essa evolução trouxe consigo uma democratização do comércio online, permitindo que mesmo pequenos empreendedores entrem no mercado digital com relativa facilidade.

As vantagens de ter uma loja virtual são inúmeras. Ela permite que empresas alcancem um público mais amplo, ultrapassando as barreiras geográficas que limitam uma loja física. Além disso, uma loja online opera 24/7, aumentando as oportunidades de venda independentemente do horário ou dia. A capacidade de coletar dados detalhados sobre os hábitos de compra dos clientes também oferece insights valiosos, que podem ser usados para personalizar a experiência de compra e melhorar a oferta de produtos.

No entanto, criar uma loja virtual bem-sucedida também apresenta seus desafios. A escolha da plataforma certa é crucial; ela deve não apenas atender às necessidades atuais do seu negócio, mas também ser escalável para acomodar o crescimento futuro. Além disso, aspectos como design do site, experiência do usuário, otimização para mecanismos de busca (SEO) e segurança são fundamentais para o sucesso de uma loja online.

Quanto aos tipos de produtos que podem ser vendidos, as possibilidades são praticamente ilimitadas. Desde produtos físicos tradicionais, como roupas e eletrônicos, até serviços digitais, cursos online e infoprodutos, a flexibilidade do comércio eletrônico permite uma variedade imensa de ofertas.

No decorrer do capítulo, exploraremos os aspectos essenciais para criar um site ou loja virtual. Abordaremos os requisitos básicos para estabelecer sua presença online, como escolher a plataforma de e-commerce mais adequada às suas necessidades, e as estratégias para criar uma loja virtual de sucesso. Cada etapa é fundamental para garantir que sua entrada no mundo do e-commerce seja não apenas bem-sucedida, mas também sustentável a longo prazo.

4.1 Quais são os requisitos para criar um site ou loja virtual?

A criação de um site ou loja virtual envolve uma série de passos fundamentais que são essenciais para garantir o sucesso e a funcionalidade da sua presença online. Desde a concepção inicial até o lançamento, cada etapa deve ser cuidadosamente planejada e executada.

O primeiro requisito para criar uma loja virtual é ter uma ideia clara do que você quer oferecer. Isso inclui decidir sobre os produtos ou serviços, entender o seu público-alvo, e ter uma visão de como você deseja que sua marca seja percebida online. Esta fase de planejamento é crucial, pois define a direção para todas as decisões futuras.

Após a fase de planejamento, é necessário escolher um nome de domínio que seja não só relevante para o seu negócio, mas também fácil de lembrar e digitar. O nome do domínio será a identidade da sua marca na web, então é importante que ele reflita a essência do seu negócio.

Com o domínio definido, o próximo passo é escolher uma plataforma de hospedagem. Existem várias opções disponíveis, cada uma com seus próprios prós e contras. Algumas plataformas oferecem soluções prontas para e-commerce, que podem ser uma boa escolha para quem está começando e deseja uma solução mais simplificada. Outras opções incluem soluções de hospedagem mais personalizáveis, que oferecem maior controle sobre a aparência e a funcionalidade do site, mas que podem exigir mais conhecimento técnico.

O design do site é outro aspecto crucial. Um design atraente e intuitivo não só capta a atenção dos visitantes, mas também facilita a navegação e a compra. Isso inclui pensar na experiência do usuário, garantindo que o site seja responsivo (adequado para dispositivos móveis) e que o processo de checkout seja simples e seguro.

A segurança do site é um requisito não negociável. Garantir que os dados dos clientes estejam seguros, especialmente informações de pagamento, é fundamental. Isso pode envolver a implementação de certificados SSL, sistemas de pagamento seguros e a conformidade com regulamentos de proteção de dados.

Além disso, a otimização para mecanismos de busca (SEO) é essencial para garantir que seu site seja encontrado por clientes em potencial. Isso inclui a utilização de palavras-chave relevantes, a criação de conteúdo de qualidade e a otimização da estrutura do site para os mecanismos de busca.

Por fim, mas não menos importante, é vital ter um plano de marketing digital. Isso pode envolver estratégias de mídia social, marketing por e-mail, publicidade paga e outras técnicas para atrair visitantes ao seu site e converter esses visitantes em clientes.

Em resumo, a criação de um site ou loja virtual é um processo abrangente que requer planejamento cuidadoso, escolhas estratégicas em termos de tecnologia e design, um forte foco na segurança e na experiência do usuário, e um plano de marketing robusto. Com esses elementos no lugar, você estará bem posicionado para lançar uma loja virtual que não só atrai clientes, mas também oferece uma experiência de compra online segura e agradável.

4.2 Como escolher uma plataforma de e-commerce

Escolher a plataforma de e-commerce certa é uma decisão crucial que pode impactar significativamente o sucesso da sua loja virtual. Existem várias opções disponíveis no mercado, cada uma com suas próprias vantagens e limitações. Vamos explorar algumas das plataformas mais populares para ajudá-lo a tomar uma decisão informada.

Shopify

O Shopify é uma das plataformas de e-commerce mais populares e amigáveis para iniciantes. É conhecido por sua facilidade de uso, com um processo de configuração simples e uma interface intuitiva. O Shopify oferece uma variedade de temas personalizáveis e integrações com várias ferramentas e aplicativos, o que permite expandir a funcionalidade da sua loja. Além disso, oferece soluções robustas para gerenciamento de pagamentos e pedidos. Contudo, uma limitação do Shopify é que ele vem com taxas de assinatura e transação, o que pode aumentar o custo operacional para os negócios.

Magento

Magento é uma plataforma de e-commerce poderosa e flexível, ideal para empresas que procuram uma solução mais robusta e personalizável. Ela oferece um alto grau de personalização e controle, tornando-a uma escolha popular para negócios de médio a grande porte com requisitos específicos. Magento suporta uma vasta gama de recursos, incluindo gestão de múltiplos armazéns, segmentação de clientes, e personalização avançada de produtos. No entanto, essa plataforma pode ser complexa para usuários menos experientes e geralmente requer habilidades de desenvolvimento web ou suporte de um desenvolvedor.

WooCommerce

WooCommerce é uma solução de e-commerce para sites que utilizam o WordPress. É uma plataforma altamente personalizável e extensível, adequada para uma ampla gama de negócios. Uma das principais vantagens do WooCommerce é a sua natureza open-source, o que significa que é gratuito para personalizar e expandir. Além disso, ele se integra perfeitamente a um site WordPress existente, oferecendo uma solução de e-commerce coesa. No entanto, embora seja gratuito, o WooCommerce pode requerer extensões pagas para funcionalidades adicionais, e a hospedagem do site fica por conta do usuário, o que pode aumentar os custos.

Wix

Wix é uma plataforma de e-commerce que se destaca pela facilidade de uso e pela capacidade de criar sites visualmente atraentes com seu construtor de sites 'arrastar e soltar'. É uma excelente opção para pequenos empresários e empreendedores que desejam uma presença online com aparência profissional sem a necessidade de habilidades técnicas avançadas. O Wix oferece várias ferramentas integradas para e-commerce, marketing e SEO. No entanto, comparado a outras plataformas, o Wix pode oferecer menos opções de personalização e escalabilidade.

BigCommerce

BigCommerce é outra plataforma de e-commerce popular que oferece uma gama de recursos poderosos para empresas de todos os tamanhos. Ela é conhecida por sua facilidade de integração com vários canais de venda, como Amazon, eBay e redes sociais. BigCommerce oferece uma variedade de opções de personalização e é escalável, suportando o crescimento do negócio. Contudo, assim como o Shopify, ela tem um sistema de preços baseado em assinatura, o que pode ser um fator limitante para negócios menores.

Ao escolher uma plataforma de e-commerce, é importante considerar fatores como facilidade de uso, custos, personalização, integrações disponíveis e suporte ao cliente. A escolha da plataforma de e-commerce perfeita para um negócio depende de uma análise cuidadosa das necessidades específicas da empresa e das capacidades de cada plataforma. Vamos explorar como diferentes tipos de negócios podem selecionar a plataforma mais adequada, considerando as vantagens e limitações de cada uma.

Para pequenas empresas ou empreendedores que estão dando seus primeiros passos no mundo do comércio eletrônico, a simplicidade e a facilidade de uso são fundamentais. Plataformas como Shopify e Wix são excelentes escolhas nesse caso. Por exemplo, um pequeno negócio de artesanato que deseja expandir online se beneficiaria da interface intuitiva do Shopify. Esta plataforma oferece uma variedade de temas e é relativamente fácil de configurar sem conhecimento técnico avançado. Da mesma forma, para um fotógrafo que deseja vender impressões online, o Wix, com suas fortes capacidades visuais e de design, seria uma escolha ideal.

Negócios de médio a grande porte, ou aqueles que requerem um alto grau de personalização e controle, podem achar plataformas como Magento mais adequadas. Por exemplo, uma loja de eletrônicos com um extenso catálogo de produtos e necessidades específicas de integração se beneficiaria da flexibilidade e das opções de personalização do Magento. Embora essa plataforma exija mais habilidades técnicas, ela oferece um controle significativo e a capacidade de escalar conforme o negócio cresce.

Para empresas que já têm um site em WordPress e estão buscando integrar funcionalidades de e-commerce, o WooCommerce é uma opção perfeita. Por exemplo, um blog de culinária que deseja começar a vender livros de receitas ou utensílios de cozinha pode facilmente adicionar capacidades de e-commerce ao seu site existente com o WooCommerce. Esta plataforma oferece a vantagem de uma integração perfeita com o WordPress, proporcionando uma experiência de usuário coesa.

Já o BigCommerce pode ser a escolha certa para empresas que buscam uma solução abrangente de e-commerce com capacidades multiplataforma. Uma empresa de moda que planeja vender em várias plataformas online, como Amazon, eBay e Instagram, se beneficiaria da facilidade de integração do BigCommerce com esses canais. Além disso, o BigCommerce oferece uma variedade de ferramentas de SEO e marketing, fundamentais para empresas que buscam expandir seu alcance.

Ao escolher uma plataforma de e-commerce, é essencial considerar fatores como tamanho e tipo do negócio, necessidade de personalização, habilidades técnicas disponíveis e orçamento. A seleção cuidadosa da plataforma não só impacta a eficiência e a gestão do dia a dia da loja online, mas também a experiência de compra do cliente e, por fim, o sucesso do negócio no ambiente digital.

Nesse livro não vamos nos ater à parte prática de criação de um site ou e-commerce. Caso você tenha essa necessidade, pesquise por tutoriais no YouTube ou procure por freelancers que oferecem esse tipo de serviço em plataformas como o Fiverr ou Workana.

5 MARKETING DIGITAL

O marketing digital tornou-se uma ferramenta indispensável no arsenal de qualquer negócio que deseja prosperar na era digital. Com a crescente presença online dos consumidores, as estratégias de marketing digital permitem que as empresas alcancem um público mais amplo, engajem-se de maneira mais efetiva com seus clientes e impulsionem as vendas de maneira mais eficiente do que nunca.

O universo do marketing digital é vasto e multifacetado, abrangendo uma variedade de canais e técnicas. Esses canais incluem marketing de conteúdo, mídias sociais, marketing por e-mail, SEO (Search Engine Optimization), SEM (Search Engine Marketing), publicidade pay-per-click (PPC), e marketing de afiliados, entre outros. Cada canal possui suas particularidades e pode ser mais ou menos adequado dependendo do público-alvo, dos objetivos da empresa e do tipo de produto ou serviço oferecido.

Criar uma estratégia de marketing digital eficaz requer um entendimento claro dos seus objetivos de negócio, conhecimento do seu público-alvo, e uma avaliação das forças e fraquezas dos diferentes canais de marketing digital. Uma estratégia bem-sucedida muitas vezes envolve uma combinação de diferentes táticas e canais, cuidadosamente selecionados e integrados para trabalhar em conjunto de forma coesa. Além disso, é crucial adaptar e personalizar as mensagens para diferentes segmentos de seu público, garantindo que a comunicação seja relevante e atraente.

Medir o sucesso de uma estratégia de marketing digital é outro aspecto fundamental. Isso implica acompanhar uma variedade de métricas e KPIs (Key Performance Indicators), como tráfego do site, taxas de conversão, engajamento nas redes sociais, retorno sobre o investimento (ROI) e muito mais. A análise desses dados não só ajuda a avaliar o desempenho de suas estratégias atuais, mas também fornece insights valiosos que podem ser usados para refinar e melhorar suas iniciativas de marketing ao longo do tempo.

Neste capítulo, aprofundaremos em cada um desses aspectos cruciais do marketing digital. Exploraremos os principais canais e como eles podem ser utilizados para maximizar o alcance e o impacto de suas campanhas, delinearemos as etapas para criar uma estratégia de marketing digital abrangente e eficaz, e discutiremos como medir e interpretar o sucesso de suas ações de marketing digital. Cada um desses elementos é essencial para desenvolver uma presença online forte e para conectar-se efetivamente com o seu público, impulsionando o crescimento do seu negócio no ambiente digital.

5.1 Quais são os principais canais de marketing digital

No mundo do marketing digital, diversos canais podem ser utilizados para alcançar e engajar o público-alvo, cada um com suas características e benefícios específicos. Vamos explorar brevemente os principais canais de marketing digital que se destacam pela eficácia e popularidade.

Mídias Sociais

A utilização das mídias sociais no marketing digital é uma prática essencial para empresas que buscam ampliar sua presença online, construir sua marca e engajar-se com clientes. Plataformas como Facebook, Instagram, TikTok, Twitter, LinkedIn e Pinterest oferecem canais únicos, cada um com suas características e públicos específicos.

O Facebook, com sua vasta base de usuários, é excelente para alcançar uma ampla gama de públicos. É particularmente útil para campanhas de branding e publicidade direcionada, graças às suas opções detalhadas de segmentação de anúncios. As empresas podem criar páginas para compartilhar atualizações, promoções e interagir com seus seguidores.

O Instagram, focado em conteúdo visual, é ideal para marcas que têm uma forte componente visual em seus produtos ou serviços. É uma plataforma poderosa para contar histórias de marcas, mostrar produtos e inspirar o público com imagens e vídeos criativos. Além disso, o Instagram oferece recursos como stories, lives e a opção de compras diretas, que são ferramentas valiosas para aumentar o engajamento e as vendas.

O TikTok emergiu como uma plataforma de mídia social revolucionária, especialmente popular entre o público mais jovem. Seu formato único baseado em vídeos curtos e criativos oferece uma oportunidade singular para as empresas alcançarem um público dinâmico e engajado. A plataforma é ideal para campanhas de marketing que visam criar tendências, promover a interação por meio de desafios e hashtags, e exibir produtos de maneira divertida e envolvente. O TikTok é particularmente eficaz para marcas que querem aumentar sua visibilidade entre os consumidores mais jovens e estabelecer uma presença online que seja ao mesmo tempo moderna e relevante. Com recursos como o TikTok Ads, as empresas podem criar campanhas publicitárias segmentadas que aproveitam o poder viral da plataforma.

O Twitter, com sua natureza dinâmica e foco em conteúdo em tempo real, é perfeito para comunicação rápida, divulgação de notícias e interação direta com os clientes. É um canal eficaz para atendimento ao cliente, permitindo respostas rápidas a perguntas e preocupações dos clientes.

O LinkedIn é a plataforma de escolha para o marketing B2B. É ideal para construir redes profissionais, compartilhar conteúdo de liderança de pensamento e promover produtos ou serviços para um público empresarial. Empresas podem utilizar o LinkedIn para estabelecer credibilidade e se conectar com outros profissionais e empresas em seu setor.

Por fim, o Pinterest é especialmente útil para empresas cujos produtos ou serviços são visuais e inspiradores, como moda, decoração, gastronomia e artesanato. É uma plataforma excelente para direcionar tráfego para o site da empresa e alcançar clientes no início do ciclo de compra.

Cada uma dessas plataformas oferece ferramentas e recursos distintos que podem ser explorados para alcançar objetivos específicos de marketing. É importante destacar que cada plataforma de mídia social tende a atrair públicos diferentes, e compreender isso é crucial para escolher onde investir seus esforços de marketing. Por exemplo, enquanto o Instagram e o TikTok são populares entre os mais jovens, plataformas como Facebook e LinkedIn atraem um público mais maduro e profissional. Conhecer o público do seu negócio é vital para fazer uma escolha assertiva da plataforma. Isso envolve entender onde seus clientes potenciais passam seu tempo online, quais formatos de conteúdo eles preferem e como eles interagem com as marcas nas redes sociais. Uma estratégia de marketing digital bem-sucedida depende não apenas de criar conteúdo atraente, mas também de escolher as plataformas certas para alcançar seu público-alvo de maneira eficaz.

SEO

SEO, ou Otimização para Motores de Busca, é uma técnica fundamental no marketing digital que ajuda a melhorar a visibilidade de um site nos resultados de motores de busca como o Google. Vamos explorar três componentes chave do SEO: backlinks, conteúdo direcionado e palavras-chave.

Backlinks são links de outros sites que direcionam para o seu. Eles são essenciais para o SEO porque funcionam como um "voto de confiança" dos outros sites para o seu. Quanto mais backlinks de qualidade seu site tiver, maior será sua autoridade aos olhos dos motores de busca, o que pode resultar em um ranking mais alto. Obter backlinks de alta qualidade, portanto, é uma estratégia importante. Isso pode ser feito através da criação de conteúdo relevante e valioso que outros sites desejam vincular ou através de parcerias e colaborações com outros sites.

A criação de conteúdo de alta qualidade, relevante e valioso é a espinha dorsal de uma boa estratégia de SEO. Isso significa produzir conteúdo que atenda às necessidades e interesses do seu público-alvo. O conteúdo deve ser informativo, envolvente e útil, o que pode aumentar as chances de ser classificado mais alto nos motores de busca e compartilhado pelos usuários. Além disso, atualizar regularmente o conteúdo do site também é crucial, pois os motores de busca favorecem sites com conteúdo fresco e atualizado.

A pesquisa e utilização de palavras-chave relevantes são essenciais para o SEO. Palavras-chave são os termos que os usuários digitam nos motores de busca. Identificar as palavras-chave certas para o seu negócio e integrá-las de forma natural ao seu conteúdo, títulos, meta descrições e URLs pode aumentar significativamente as chances de seu site ser encontrado pelos usuários. É importante equilibrar a relevância e a competitividade das palavras-chave, focando tanto em termos de alto volume de busca quanto em nichos específicos.

Ao integrar esses elementos — backlinks, conteúdo direcionado e uso estratégico de palavras-chave — você pode criar uma estratégia de SEO robusta que aumenta a visibilidade do seu site, atrai tráfego orgânico qualificado e, em última análise, contribui para o sucesso do seu negócio digital.

Marketing de Conteúdo

O Marketing de Conteúdo é uma ferramenta poderosa no mundo digital, permitindo que as empresas se conectem com seu público de maneira significativa e construam uma base de clientes leais. Ele envolve a criação de blogs, artigos, vídeos, infográficos e outros formatos de conteúdo que fornecem valor ao público. Este conteúdo não apenas informa e educa, mas também estabelece a empresa como uma autoridade em seu campo, melhorando a confiança e a credibilidade da marca.

A chave para um marketing de conteúdo eficaz é entender as necessidades e interesses do seu público-alvo e criar conteúdo que responda a essas necessidades. Por exemplo, uma empresa de jardinagem pode criar guias sobre cuidados com plantas, enquanto uma loja de moda pode produzir artigos sobre as últimas tendências. Além de atrair novos clientes, o conteúdo de qualidade ajuda a manter o interesse dos clientes existentes, encorajando-os a retornar ao seu site.

O marketing de conteúdo também é vital para o SEO, pois o conteúdo de qualidade é um dos fatores que os motores de busca usam para classificar páginas. Artigos bem escritos e informativos, ricos em palavras-chave relevantes, podem melhorar significativamente a visibilidade online de um negócio. Além disso, o conteúdo compartilhável, como infográficos e vídeos virais, pode aumentar a exposição da marca e atrair backlinks, ambos benéficos para o SEO.

Em resumo, o marketing de conteúdo é uma estratégia de longo prazo que pode trazer benefícios significativos para os negócios digitais. Ao fornecer informações úteis e relevantes, as empresas não só melhoram sua presença online, mas também constroem relacionamentos duradouros com seus clientes.

E-mail Marketing

O E-mail Marketing é um canal de marketing digital extremamente eficaz e pessoal, usado para cultivar relacionamentos com clientes e prospectos. Enviar e-mails para uma lista de assinantes permite que as empresas mantenham seus clientes informados sobre novidades, ofertas especiais e conteúdos relevantes, mantendo a marca presente na mente do público.

Esta estratégia se destaca pela sua capacidade de personalização. Os e-mails podem ser segmentados com base nas preferências e comportamentos dos clientes, o que permite enviar mensagens altamente direcionadas e relevantes para diferentes grupos. Por exemplo, uma loja de roupas pode enviar ofertas exclusivas para clientes que mostraram interesse em uma determinada categoria de produtos.

Além disso, o e-mail marketing oferece uma excelente relação custo-benefício. Comparado a outras formas de marketing digital, os custos associados ao envio de e-mails são relativamente baixos, e as taxas de retorno podem ser significativas, especialmente quando a campanha é bem planejada e executada.

O e-mail também é uma plataforma ideal para a distribuição de conteúdo como newsletters, que podem incluir atualizações da empresa, dicas úteis, insights da indústria ou histórias de sucesso de clientes. Esses conteúdos ajudam a construir uma percepção positiva da marca e a estabelecer a empresa como uma fonte confiável de informações.

Para que o e-mail marketing seja eficaz, é importante que a lista de e-mails seja construída organicamente, com assinantes que optaram por receber comunicações da sua empresa. Isso garante um público engajado e aumenta a eficácia das campanhas.

Em resumo, o e-mail marketing é uma ferramenta poderosa que, quando usada corretamente, pode fortalecer os relacionamentos com clientes, aumentar a fidelidade à marca e impulsionar as vendas.

Publicidade Digital

O PPC (Pay-Per-Click) e a Publicidade Digital são essenciais para uma estratégia de marketing digital eficaz, oferecendo maneiras rápidas e mensuráveis de alcançar e engajar com um público específico. Ao utilizar plataformas como Google Ads, Facebook, Instagram e LinkedIn, os anunciantes têm a capacidade de segmentar usuários com base em uma variedade de critérios demográficos, comportamentais e de interesse. Isso permite que as campanhas sejam extremamente direcionadas, aumentando a probabilidade de atingir clientes potenciais que são mais propensos a se interessar pelos produtos ou serviços oferecidos.

O modelo de pagamento por clique significa que os anunciantes pagam apenas quando um usuário clica no anúncio, tornando o PPC uma opção econômica, especialmente para pequenas e médias empresas com orçamentos de marketing limitados. Além disso, as plataformas de PPC oferecem análises detalhadas, permitindo aos anunciantes rastrear o desempenho de suas campanhas em tempo real e fazer ajustes conforme necessário para otimizar o ROI.

Com a publicidade digital, é possível realizar testes A/B em diferentes elementos dos anúncios, como imagens, textos e chamadas para ação, para determinar quais variações geram os melhores resultados. Isso torna as campanhas de PPC altamente adaptáveis e eficientes, permitindo uma contínua otimização e melhor alocação de recursos de marketing.

As medições de performance de publicidade digital, especialmente em campanhas de Tráfego Pago, oferecem uma precisão e uma capacidade de análise que se distinguem significativamente da publicidade convencional, como outdoors, revistas e TV. No ambiente digital, cada clique, visualização e conversão pode ser rastreada, permitindo uma compreensão detalhada da eficácia de uma campanha. Isso inclui métricas como custo por clique (CPC), taxa de conversão, custo por aquisição (CPA) e retorno sobre o investimento.

Por outro lado, a publicidade tradicional geralmente se baseia em estimativas de alcance e impressões, sem a capacidade de rastrear interações diretas ou conversões específicas. Enquanto um outdoor pode ter um grande alcance visual, é difícil medir quantas pessoas efetivamente reagiram à propaganda. Da mesma forma, anúncios em revistas e TV alcançam um amplo público, mas não oferecem a mesma capacidade de segmentação e análise detalhada presente na publicidade digital. Nas campanhas digitais, a capacidade de medir cada clique e conversão transforma completamente a abordagem publicitária. Os anunciantes podem saber exatamente quantos usuários interagiram com um anúncio, quantos clicaram nele e quantos realizaram uma ação desejada, como uma compra. Essa capacidade de medição detalhada permite uma análise profunda do ROI, assegurando que os orçamentos de marketing sejam gastos de forma eficiente.

Além disso, a segmentação detalhada é uma grande vantagem do tráfego pago. Enquanto a publicidade tradicional atinge um público amplo e muitas vezes indeterminado, a digital permite que os anunciantes segmentem seu público-alvo com base em uma variedade de critérios, incluindo localização, interesses, comportamento de navegação e muito mais. Isso não apenas aumenta a relevância dos anúncios para o público, mas também melhora as chances de conversão.

Esses fatores fazem do tráfego pago uma ferramenta poderosa e indispensável no arsenal do marketing digital moderno. Ao contrário da publicidade tradicional, que muitas vezes se baseia em estimativas e tem um alcance mais geral, o tráfego pago oferece uma abordagem mais estratégica e orientada a dados, crucial em um mercado cada vez mais competitivo e digitalizado.

Marketing de Influência

O marketing de influenciadores é uma estratégia dinâmica e cada vez mais popular que envolve colaborar com influenciadores digitais para promover produtos ou serviços. Estes influenciadores têm seguidores leais e engajados nas redes sociais, e sua recomendação pode ser extremamente valiosa.

Uma estratégia eficaz de marketing de influenciadores começa com a identificação dos influenciadores certos, que não só têm um público significativo, mas também um que se alinha com o seu público-alvo. A autenticidade é fundamental; os influenciadores devem se encaixar naturalmente com a marca para que a parceria seja crível para o público.

A negociação com influenciadores geralmente envolve discutir os termos da parceria, incluindo o tipo de conteúdo a ser criado, a frequência das postagens e a remuneração. As parcerias podem variar desde postagens pagas e menções em redes sociais até colaborações mais longas e campanhas integradas.

Esse tipo de marketing pode ser incrivelmente eficaz, pois utiliza a confiança e o relacionamento que os influenciadores têm com seus seguidores para promover uma marca de maneira orgânica e autêntica. Ao escolher os influenciadores certos e desenvolver uma estratégia de colaboração eficaz, as marcas podem ampliar significativamente seu alcance e reforçar sua mensagem no mercado digital.

Mais uma vez é importante ressaltar que conhecer profundamente seu público-alvo e persona é crucial para escolher os canais de marketing mais adequados. Essa compreensão permite que você identifique onde seu público passa tempo online, quais mensagens ressoam com ele e quais canais serão mais eficazes para alcançá-lo.

Além disso, é importante mesclar e integrar diferentes canais de marketing de forma complementar e interdisciplinar. Por exemplo, o conteúdo criado para um blog pode ser promovido nas mídias sociais, enquanto insights do marketing por e-mail podem informar estratégias de conteúdo. Essa abordagem integrada garante uma comunicação coesa e maximiza o alcance e impacto das campanhas.

A integração das medições através de estruturas de tracking é igualmente essencial. Utilizando ferramentas como Google Analytics, é possível rastrear a jornada do cliente em diferentes canais e entender como eles interagem com sua marca. Isso permite uma análise holística do desempenho das campanhas e ajuda a otimizar as estratégias de marketing para um ROI mais eficiente.

5.2 Como criar uma estratégia de marketing digital eficaz

Criar uma estratégia de marketing digital eficaz envolve a integração de diversos métodos e ferramentas, considerando fatores como persona, público-alvo, MVP (Produto Mínimo Viável), PUV (Proposta Única de Valor), KPIs (Indicadores-chave de Desempenho) e OKRs (Objetivos e Resultados-chave), integrando todos esses conceitos, dimensionar esforços de marketing mais adequados ao seu negócio. Chamo isso de Estratégia de Marketing Digital Integrado (EMDI). É importante ressaltar que estratégias de marketing podem ser replicadas de negócio para negócio, mas devem ser adaptadas e dimensionadas às particularidades da sua empresa.

A EMDI começa com uma fase crítica de mapeamento e planejamento, que é essencial para entender as necessidades do negócio e estabelecer uma base sólida para as ações futuras. Este processo envolve várias etapas:

- **Definição de Objetivos e Metas:** Estabelecer objetivos claros e mensuráveis que a estratégia de marketing pretende alcançar. Isso pode incluir aumentar o tráfego do site, melhorar as taxas de conversão, expandir a base de clientes ou elevar o reconhecimento da marca.

- **Análise do Público-Alvo:** Utilizando as informações sobre persona e público-alvo já identificadas, desenvolver um entendimento aprofundado das necessidades, preferências e comportamentos dos clientes potenciais.
- **Avaliação da Proposta Única de Valor (PUV):** Refinar a PUV do negócio para garantir que ela ressoe com o público-alvo e diferencie a empresa da concorrência.
- **Análise Competitiva:** Estudar os concorrentes para identificar oportunidades de mercado e possíveis áreas de vantagem competitiva.
- **Estabelecimento de KPIs e OKRs:** Definir indicadores-chave de desempenho (KPIs) e objetivos e resultados-chave (OKRs) para medir o progresso e o sucesso da estratégia.

Como não tratamos anteriormente de KPIs e OKRs, vamos abordar uma breve explicação desses conceitos no contexto desse livro para seu melhor entendimento e aplicação:

KPIs (Key Performance Indicators) e OKRs (Objectives and Key Results) são ferramentas de medição e planejamento usadas por empresas para avaliar o sucesso de suas iniciativas, especialmente úteis para aquelas migrando ou iniciando um negócio digital.

KPIs são métricas que ajudam a medir o desempenho de aspectos específicos de um negócio. Por exemplo, em um negócio digital, os KPIs podem incluir taxas de conversão de site, tráfego web, engajamento em mídias sociais ou ROI (Retorno sobre Investimento) de campanhas de marketing. Eles são essenciais para entender como diferentes áreas do negócio estão se saindo e onde melhorias são necessárias.

OKRs, por outro lado, são um sistema de definição de objetivos. Eles consistem em um objetivo geral (O) que é qualitativo e inspiracional, e os Key Results (KRs), que são uma série de resultados quantitativos que medem o progresso em direção a esse objetivo. Para um negócio digital, um exemplo de OKR pode ser "Aumentar a presença online da empresa" (Objetivo), com Key Results como "Atingir 10.000 visitantes mensais no site", "Conquistar 5.000 novos seguidores nas redes sociais" e "Aumentar a taxa de conversão de e-commerce em 20%".

Ambas as ferramentas são vitais para empresas no ambiente digital, ajudando-as a se concentrar nas áreas certas e medir o progresso de maneira objetiva.

Este mapeamento inicial e fase de planejamento são fundamentais para orientar todas as decisões subsequentes na estratégia de marketing digital, garantindo que todas as ações estejam alinhadas com os objetivos gerais do negócio.

Após a fase de planejamento, a etapa seguinte é a execução e aplicação da estratégia, onde os planos são transformados em ações concretas.

Começamos com a implementação da presença online. Isso inclui o desenvolvimento de um site otimizado para SEO, que carrega rapidamente e é responsivo para dispositivos móveis. A criação de conteúdo de qualidade, que seja relevante e otimizado tanto para SEO quanto para os leitores, é crucial. O conteúdo deve ser consistente e distribuído através de canais apropriados, como blogs, newsletters e mídias sociais. Para plataformas como Instagram ou Facebook, conteúdos visuais atraentes e histórias envolventes podem ser usados para capturar a atenção do público.

A estratégia também inclui guest posts e marketing de vídeo, que podem aumentar a autoridade do domínio e melhorar a visibilidade online. Webinários podem ser uma excelente forma de engajar com o público, especialmente para produtos digitais.

O uso de mídias sociais orgânicas é essencial. Cada plataforma deve ser utilizada de acordo com as características do público-alvo. Por exemplo, o LinkedIn é mais adequado para empresas B2B, enquanto o Instagram pode ser mais eficaz para negócios com um forte componente visual.

O marketing de influenciadores, quando bem executado, pode ampliar significativamente o alcance da marca. Parcerias estratégicas com outras empresas podem também ser exploradas para benefício mútuo.

Uma técnica adicional é o uso de sites de ofertas de cupons para promover produtos ou serviços, gerando um influxo rápido de novos clientes. No entanto, é crucial estar preparado para a demanda e garantir um excelente atendimento ao cliente.

Por fim, a estratégia deve incluir o remarketing para reengajar visitantes que não converteram inicialmente e o marketing de afiliados para aumentar o tráfego e as vendas.

Cada ação deve ser monitorada usando os KPIs estabelecidos, e os resultados devem ser usados para refinar continuamente a estratégia. A chave para uma estratégia de marketing digital eficaz é a flexibilidade e a capacidade de se adaptar com base nos dados coletados e nas mudanças no mercado, e isso só pode ser feito quando seu desempenho pode ser metrificado. A chave para o sucesso está nos dados.

5.3 Como medir o sucesso da sua estratégia de marketing digital

Medir o sucesso de uma estratégia de marketing digital é um aspecto fundamental para entender sua eficácia e direcionar ajustes e melhorias. Essa medição se baseia na análise de dados e métricas para avaliar se os objetivos estabelecidos estão sendo atingidos.

Uma das primeiras medidas é acompanhar o tráfego do website. Ferramentas como o Google Analytics fornecem insights sobre o número de visitantes, a duração das visitas, as páginas mais acessadas e a origem do tráfego. Por exemplo, um aumento no tráfego orgânico pode indicar sucesso nas estratégias de SEO.

Outro indicador importante são as taxas de conversão. Se o objetivo é aumentar as vendas online, medir a porcentagem de visitantes que realizam uma compra é essencial. Um aumento nas taxas de conversão pode indicar que as campanhas de marketing estão atraindo o público certo e que a experiência do usuário no site está otimizada.

Nas mídias sociais, métricas como o número de seguidores, engajamento (curtidas, comentários, compartilhamentos) e alcance das publicações ajudam a avaliar a efetividade das campanhas nesses canais. Por exemplo, um post que gera um alto número de compartilhamentos pode indicar que o conteúdo ressoa bem com o público.

Para campanhas de e-mail marketing, é importante analisar taxas de abertura e cliques. Isso mostra o quão eficazes são seus e-mails em atrair a atenção e incentivar ações.

Além disso, o ROI (Retorno sobre o Investimento) é um indicador crucial. Ele ajuda a entender se o investimento em marketing digital está gerando um retorno financeiro positivo. Por exemplo, se você gastou $1000 em anúncios pagos e gerou $5000 em vendas, o ROI é positivo.

Por fim, é importante não apenas coletar esses dados, mas também analisá-los regularmente para identificar tendências, pontos fortes e áreas que precisam de melhorias, para isso, os dados devem ser confrontados com os KPIs e OKRs definidos anteriormente e devem responder as seguintes perguntas: "alcançamos os indicadores/objetivos propostos? Por quê?". Através dessas respostas, é possível iniciar um mapeamento dos gargalos e processos com performance abaixo do esperado.

6 GESTÃO FINANCEIRA

A gestão financeira é um pilar fundamental para o sucesso de qualquer negócio. Controlar as finanças envolve não apenas monitorar as entradas e saídas de dinheiro, mas também tomar decisões estratégicas que impactam a saúde financeira da empresa. Para um negócio online, isso pode incluir tudo desde a gestão de custos de operação e publicidade até o desenvolvimento de estratégias de precificação e geração de receita.

No primeiro subcapítulo, "Como gerenciar as finanças do seu negócio online?", exploraremos as melhores práticas para manter as finanças do seu negócio online organizadas e transparentes. Isso incluirá discutir ferramentas e sistemas para rastreamento de receitas e despesas, bem como estratégias para manter um fluxo de caixa saudável.

"Como controlar os custos?" será o foco do segundo subcapítulo. Aqui, analisaremos como identificar e reduzir custos desnecessários, otimizar investimentos e manter a rentabilidade. Estratégias como a análise de custo-benefício de campanhas publicitárias e a avaliação da eficiência operacional serão discutidas.

Finalmente, em "Como gerar receita?", abordaremos as diversas maneiras de incrementar as receitas de um negócio online. Desde estratégias de precificação até a diversificação de fontes de receita, exploraremos como maximizar os ganhos do seu negócio digital.

Este capítulo foi projetado para fornecer um entendimento abrangente sobre a gestão financeira no contexto digital, ajudando os empreendedores a tomar decisões financeiras informadas e sustentáveis para seus negócios online.

6.1 Como gerenciar as finanças do seu negócio online?

Gerenciar as finanças de um negócio online envolve várias práticas essenciais para garantir a saúde financeira e a sustentabilidade do empreendimento. Primeiramente, é fundamental estabelecer um sistema de contabilidade robusto. Ferramentas de software de contabilidade podem automatizar muitos processos, como o rastreamento de receitas e despesas, e ajudam a manter os registros financeiros organizados.

Outro aspecto importante é o monitoramento rigoroso do fluxo de caixa. Isso significa acompanhar de perto o dinheiro que entra e sai do negócio. Ter um entendimento claro do fluxo de caixa ajuda a prever períodos de baixa receita e a planejar para eles.

Além disso, a definição de um orçamento detalhado é crucial. Isso inclui alocar fundos para diferentes áreas do negócio, como marketing, desenvolvimento de produtos, estoque e salários. Manter-se dentro do orçamento ajuda a evitar gastos excessivos e a manter o negócio financeiramente saudável.

Por exemplo, um negócio online de vendas de roupas precisa manter um controle preciso dos custos de aquisição de produtos, despesas de envio e marketing, ao mesmo tempo que monitora as receitas das vendas para garantir a lucratividade.

Além do que já foi mencionado, um aspecto vital na gestão financeira de um negócio online é a análise de lucratividade. Isso envolve entender quais produtos ou serviços estão gerando mais receita e quais têm as margens de lucro mais altas. Por exemplo, se você possui uma loja online de acessórios, pode descobrir que certos itens têm uma margem de lucro significativamente maior do que outros. Essas informações são cruciais para direcionar estratégias de marketing e estoque.

Outro ponto importante é a gestão de recebíveis e pagáveis. Para negócios online, isso muitas vezes envolve gerenciar pagamentos online, lidar com reembolsos e manter relações saudáveis com fornecedores. Isso requer um sistema eficiente para garantir que todas as transações sejam processadas corretamente e no prazo.

Aprofundar na gestão financeira de um negócio online vai além do básico de monitoramento de fluxo de caixa e orçamento. Envolve uma análise detalhada de lucratividade, gestão eficiente de recebíveis e pagáveis, e o uso estratégico de insights financeiros para orientar decisões de negócios.

Existem várias ferramentas úteis para a gestão financeira de negócios online, cada uma com características específicas que atendem a diferentes necessidades. Aqui estão alguns exemplos:

- QuickBooks: Um software de contabilidade amplamente usado que ajuda na gestão de fluxo de caixa, rastreamento de despesas, faturamento e relatórios financeiros. É ideal para pequenas e médias empresas devido à sua interface intuitiva e funcionalidades abrangentes.
- Xero: Uma plataforma de contabilidade baseada na nuvem que facilita a gestão financeira, oferecendo recursos como faturamento, reconciliação bancária e relatórios. Xero é conhecido por sua facilidade de uso e integração com uma gama de outros aplicativos de negócios.
- FreshBooks: Especialmente projetado para proprietários de pequenas empresas, freelancers e agências, o FreshBooks oferece soluções simples para faturamento, rastreamento de tempo e despesas, tornando-o ideal para negócios que precisam de soluções de contabilidade básicas, mas eficazes.
- Wave: Uma opção gratuita que oferece funcionalidades básicas de contabilidade, como rastreamento de receitas e despesas, faturamento e relatórios financeiros. É uma boa escolha para startups e pequenos empresários que estão começando e precisam de uma solução de baixo custo.

Cada uma dessas ferramentas pode ser utilizada para automatizar e simplificar processos financeiros, oferecendo insights valiosos sobre a saúde financeira do negócio e permitindo que os proprietários se concentrem em outras áreas de gestão.

Em resumo, a gestão financeira eficaz em um negócio online requer organização, planejamento e monitoramento contínuo. Ao manter um controle firme sobre as finanças, os proprietários de negócios online podem tomar decisões informadas que promovem o crescimento sustentável.

6.2 Como controlar os custos

Controlar os gastos é uma parte essencial da gestão de qualquer negócio, especialmente em um ambiente digital, onde as despesas podem rapidamente sair do controle se não forem monitoradas de perto. Este capítulo aborda estratégias e métodos práticos para manter os gastos sob controle, garantindo que seu negócio online permaneça financeiramente saudável e lucrativo. Discutiremos a importância de categorizar despesas, analisar cada custo criticamente, implementar um sistema de orçamento rígido e otimizar os recursos existentes. Essas práticas ajudarão a maximizar o valor de cada investimento e a manter o negócio sustentável a longo prazo.

Categorização de Despesas

Categorizar despesas é essencial para uma gestão financeira eficaz em negócios online. Esta prática envolve dividir gastos em fixos e variáveis, proporcionando uma compreensão clara de onde o dinheiro está indo e ajudando na tomada de decisões estratégicas.

Despesas fixas são aquelas que permanecem constantes a cada período, como aluguel de plataforma de e-commerce, assinaturas de softwares, e salários fixos de funcionários. Por exemplo, se você opera uma loja online, o custo mensal da plataforma Shopify seria uma despesa fixa.

Despesas variáveis, por outro lado, mudam com base na atividade do negócio. Isso inclui publicidade em redes sociais, custos de frete para envio de produtos e comissões de vendas. Um exemplo seria os gastos com campanhas no Google Ads, que podem variar mês a mês dependendo das suas estratégias de marketing.

A categorização ajuda a entender melhor a estrutura de custos do seu negócio e a planejar financeiramente para o futuro, assegurando que recursos estejam alocados de maneira eficiente.

Análise Crítica de Custos

Realizar uma análise crítica de cada custo é um processo fundamental na gestão financeira de um negócio online. Esta etapa envolve avaliar meticulosamente cada despesa para determinar sua necessidade e eficiência. O objetivo é entender se cada gasto contribui significativamente para o negócio e se existem formas de reduzi-lo sem comprometer a qualidade ou o desempenho.

Por exemplo, se uma parte significativa do orçamento está indo para publicidade paga, é essencial avaliar o retorno sobre o investimento dessas campanhas. Se os resultados não justificam o gasto, pode ser hora de reavaliar a estratégia ou buscar alternativas mais eficazes em termos de custo.

Da mesma forma, revisar regularmente contratos com fornecedores e negociar melhores termos pode levar a economias substanciais. Isso pode incluir discutir descontos por volume ou termos de pagamento mais favoráveis.

A aplicação de algumas técnicas específicas pode fornecer insights valiosos para otimizar os gastos. Começando pela análise de retorno sobre investimento (ROI), esta técnica envolve calcular a eficiência dos investimentos, comparando o custo de uma ação (como uma campanha de marketing) com os benefícios diretos que ela traz. Por exemplo, ao investir em anúncios pagos, comparar o custo desses anúncios com o aumento nas vendas ou leads gerados fornece uma imagem clara do seu valor.

A revisão regular do desempenho dos fornecedores também é crucial. Avaliar se os serviços ou produtos fornecidos estão de acordo com o custo e as expectativas ajuda a identificar áreas onde é possível negociar melhores termos ou buscar alternativas mais econômicas.

Além disso, o benchmarking, que compara os custos da empresa com padrões da indústria ou concorrentes, pode revelar oportunidades de otimização. Se os custos operacionais estão acima da média do setor, isso pode indicar a necessidade de revisão de processos ou de renegociação com fornecedores.

Após adotar estas técnicas, os negócios online podem aprimorar sua gestão financeira, identificando áreas de ineficiência e oportunidades de redução de custos, mantendo a qualidade e sustentabilidade do negócio.

Em resumo, uma análise crítica dos custos ajuda a garantir que cada real gasto esteja realmente impulsionando o negócio e permite identificar oportunidades para reduzir despesas sem sacrificar o crescimento ou a eficiência.

Sistema de Orçamento Rígido

Implementar um sistema de orçamento rígido é uma tática eficaz na gestão financeira de um negócio online. Isso envolve alocar quantias específicas para diferentes categorias de despesas, como marketing, operações, desenvolvimento de produto e despesas gerais. Estabelecer limites claros ajuda a evitar gastos excessivos e garante que os recursos sejam usados de forma eficiente.

O monitoramento regular desse orçamento é crucial. Isso pode ser feito através de revisões mensais ou trimestrais para garantir que os gastos estejam alinhados com o planejado. Se uma categoria estiver consistentemente ultrapassando o orçamento, é um sinal de que a estratégia precisa ser reavaliada. Esse processo ajuda a manter o controle financeiro e garante que o negócio esteja operando dentro de suas capacidades financeiras.

Definir um orçamento rígido para um negócio online envolve primeiramente a análise detalhada das receitas e despesas passadas, para compreender padrões e necessidades financeiras. Com base nessa análise, estabeleça limites de gastos para cada categoria de despesa, como marketing, operações, desenvolvimento de produtos e despesas administrativas. Utilize ferramentas de gestão financeira para acompanhar os gastos em tempo real e compare-os regularmente com os limites estabelecidos. Seja diligente em ajustar o orçamento conforme as mudanças nas circunstâncias do negócio, mas sempre mantenha o foco na minimização de despesas desnecessárias e na maximização do retorno sobre os investimentos.

Além de estabelecer um orçamento para diferentes categorias de despesas e monitorar regularmente, é crucial ter um sistema que permita ajustes ágeis. Isso significa ser capaz de realocar fundos entre categorias, se necessário, para responder a mudanças no mercado ou oportunidades imprevistas. Por exemplo, se uma campanha de marketing está tendo um desempenho excepcional, pode ser benéfico aumentar o orçamento nesta área, compensando a diferença com reduções em outras categorias.

Para auxiliar nesse processo, o uso de ferramentas de gestão financeira e planilhas detalhadas é fundamental. Elas podem fornecer uma visão clara de como os fundos estão sendo alocados e utilizados, permitindo ajustes rápidos e informados.

Em suma, um sistema de orçamento rígido com flexibilidade para ajustes estratégicos e monitoramento contínuo é essencial para a saúde financeira de um negócio online. Isso assegura que cada dólar gasto contribua efetivamente para o crescimento e sucesso do empreendimento.

Otimização de Recursos

A otimização de recursos em um negócio online envolve identificar e melhorar áreas onde os recursos existentes podem ser utilizados de forma mais eficiente. Por exemplo, na gestão de anúncios pagos, utilizar ferramentas analíticas para rastrear o desempenho de cada anúncio e campanha é crucial. Com base nos dados coletados, ajuste as campanhas para focar nos canais e mensagens que geram o maior retorno sobre o investimento.

Além disso, a otimização pode ser aplicada na logística e operações. Isso pode incluir a renegociação de contratos com fornecedores ou a busca por soluções de software que automatizem e simplifiquem processos, como gerenciamento de inventário ou atendimento ao cliente. Ferramentas como ERP (Enterprise Resource Planning) e CRM (Customer Relationship Management) podem ajudar a otimizar esses processos.

A utilização de ferramentas analíticas avançadas permite um entendimento profundo dos padrões de consumo e comportamento do cliente. Ao analisar esses dados, você pode ajustar estratégias de marketing, preços e até desenvolvimento de produtos para atender melhor às necessidades do público, garantindo que cada investimento seja feito de forma inteligente.

A automação é outra ferramenta essencial para aumentar a eficiência operacional. Ferramentas que automatizam campanhas de e-mail e postagens em mídias sociais não apenas economizam tempo, mas também garantem consistência e precisão nas atividades de marketing. Da mesma forma, a automação de processos de atendimento ao cliente e gestão de inventário pode trazer eficiência significativa.

Esse papel desempenhado pela automação nos dias de hoje é crucial para um bom desempenho, especialmente com o uso de ferramentas de Inteligência Artificial (IA). A IA pode ser aplicada para melhorar a eficiência em várias áreas. Por exemplo, no marketing digital, ferramentas de IA podem analisar grandes volumes de dados para identificar padrões e tendências, otimizando assim as campanhas publicitárias para atingir os públicos mais relevantes de forma mais eficaz.

Na gestão de relacionamento com o cliente, a IA pode ser usada para automatizar respostas a perguntas frequentes, melhorando a experiência do cliente enquanto libera a equipe para focar em questões mais complexas. Da mesma forma, na logística, a IA pode ajudar a otimizar o gerenciamento de estoque e a cadeia de suprimentos, reduzindo custos e melhorando a eficiência operacional.

A IA também desempenha um papel importante na análise de dados. Com a capacidade de processar e analisar rapidamente grandes quantidades de informações, as ferramentas de IA podem fornecer insights valiosos que ajudam na tomada de decisões estratégicas, desde ajustes de preços até estratégias de expansão de mercado.

Em suma, a incorporação de automação e IA na otimização de recursos permite que os negócios online operem com maior eficiência, economizem custos e melhorem continuamente seus processos e a experiência do cliente.

Outra área para otimização é o uso de recursos humanos. Avaliar a produtividade da equipe e considerar a automação de tarefas repetitivas pode liberar tempo para atividades mais estratégicas. Um exemplo de otimização é capacitar equipes para manter um diálogo aberto e contínuo com fornecedores, o que pode levar a termos mais favoráveis, especialmente conforme o volume de negócios aumenta. Isso pode incluir negociação de preços, prazos de pagamento mais flexíveis ou condições de entrega melhores. O mesmo deve ser feito com as equipes comerciais de vendas. Equipes bem treinadas são mais eficientes, cometem menos erros e podem contribuir com ideias inovadoras para melhorar processos e serviços.

Em resumo, a otimização de recursos é sobre fazer mais com menos, usando dados para tomar decisões informadas e buscar contínua eficiência operacional e financeira.

6.3 Como gerar receita

Gerar receita em um negócio online envolve uma combinação de estratégias bem planejadas e execução eficaz. Primeiramente, é crucial entender seu público-alvo e oferecer produtos ou serviços que atendam às suas necessidades. Por exemplo, se você tem uma loja online de roupas, certifique-se de que seus produtos estejam alinhados com as preferências de moda e preço do seu público.

Em seguida, otimize seu website para vendas. Isso inclui um design intuitivo, descrições de produtos claras e um processo de checkout simplificado. A utilização de técnicas de SEO para melhorar o ranking do seu site em motores de busca também é fundamental para atrair mais visitantes.

Além disso, desenvolva uma estratégia de marketing digital sólida, utilizando canais como mídias sociais, e-mail marketing e publicidade paga para alcançar e engajar com clientes potenciais.

Considere também diversificar suas fontes de receita. Por exemplo, além de vender produtos, você pode oferecer cursos online, webinars ou serviços de consultoria relacionados ao seu nicho.

Por fim, foque na retenção de clientes. Clientes satisfeitos tendem a retornar e realizar novas compras. Portanto, investir em um excelente serviço ao cliente e programas de fidelidade pode ser uma estratégia eficaz para aumentar a receita a longo prazo. É vital entender a importância de medir e analisar o desempenho das suas estratégias de geração de receita. Utilize ferramentas analíticas para monitorar a eficácia das suas campanhas de marketing e vendas, ajustando as estratégias conforme necessário. Além disso, explore oportunidades de parcerias ou colaborações que possam abrir novos canais de receita. Por exemplo, colaborar com influenciadores ou outras marcas pode expandir seu alcance e atrair novos clientes. Lembre-se de que a inovação contínua em produtos, serviços e estratégias de marketing é chave para manter o negócio relevante e rentável no mercado digital em constante evolução.

7 SEU RECURSO MAIS ESCASSO: O TEMPO

A gestão do tempo, uma habilidade essencial tanto na vida pessoal quanto no ambiente profissional, assume uma importância ainda maior no contexto dos negócios online. Em um mundo onde a velocidade da informação e a capacidade de adaptação são cruciais, entender e aplicar efetivamente os princípios da gestão do tempo pode significar a diferença entre o sucesso e o fracasso de um empreendimento.

A gestão do tempo é, em sua essência, o processo de organizar e planejar como dividir o tempo entre diferentes atividades. Em negócios online, isso se traduz em maximizar a eficiência e a produtividade, equilibrando habilmente tarefas urgentes e importantes, e as de longo prazo com as de resposta imediata. O ambiente digital, repleto de constantes mudanças e inovações, demanda dos empreendedores uma habilidade única de gerir o tempo para manter a competitividade e a relevância no mercado.

No entanto, gerenciar o tempo efetivamente é um desafio contínuo. Empreendedores enfrentam uma gama de obstáculos, como a sobrecarga de tarefas, a dificuldade em estabelecer prioridades claras, e a tentação constante das inúmeras distrações digitais. Além disso, a natureza muitas vezes solitária dos negócios online pode levar à procrastinação e à falta de uma rotina estruturada. A capacidade de superar esses desafios é fundamental para quem deseja não apenas sobreviver, mas prosperar no ambiente online.

Neste capítulo, abordaremos não apenas os princípios básicos da gestão do tempo, mas também técnicas específicas que podem ser aplicadas para melhorar a eficiência e a produtividade. Desde métodos consagrados como a técnica Pomodoro e o sistema GTD (Getting Things Done) até a abordagem do quadrante de Eisenhower, exploraremos diversas estratégias para otimizar o uso do tempo. Além disso, forneceremos dicas específicas para a gestão do tempo em diferentes aspectos dos negócios online, como tarefas administrativas, criativas e de marketing. Ao final deste capítulo, você não só entenderá a importância da gestão do tempo para os negócios online, mas também estará equipado com ferramentas práticas para implementar uma gestão do tempo eficaz e mensurar seu sucesso.

Princípios básicos da Gestão de Tempo

Os princípios básicos da gestão do tempo são fundamentais para qualquer empreendedor que deseje ter sucesso, especialmente no dinâmico mundo dos negócios online. O primeiro passo nesse processo é estabelecer metas e prioridades claras. Isso implica em definir objetivos específicos, mensuráveis, alcançáveis, relevantes e temporais (SMART) para seu negócio. Quando as metas são claras, fica mais fácil identificar quais tarefas merecem prioridade. Isso é essencial, pois no dia a dia repleto de demandas e urgências, saber o que realmente impulsionará seu negócio a longo prazo é o que faz a diferença. A priorização eficaz envolve também a capacidade de diferenciar o urgente do importante, focando em tarefas que oferecem o maior retorno sobre o investimento de tempo.

Após estabelecer essas metas e prioridades, o próximo passo é fazer um planejamento detalhado. O planejamento funciona como um mapa, guiando você por um caminho eficiente em direção aos seus objetivos. Isso inclui a criação de um cronograma realista, alocando tempo específico para cada tarefa, e considerando prazos e recursos disponíveis. Um planejamento eficaz também deve ser flexível, capaz de se adaptar às inevitáveis mudanças e desafios que surgem no decorrer do caminho.

A habilidade de dizer não é outro pilar crucial na gestão do tempo. No contexto dos negócios online, onde as oportunidades e solicitações são inúmeras, aprender a recusar propostas ou tarefas que não alinham com seus objetivos principais é fundamental. Dizer não, não é apenas sobre recusar pedidos, é sobre afirmar seu foco e compromisso com suas prioridades. Isso pode ser desafiador, especialmente quando envolve negar solicitações de clientes ou parceiros, mas é uma habilidade que, uma vez dominada, resulta em um uso mais eficiente do seu tempo.

Eliminar distrações é igualmente importante. No ambiente online, as distrações são constantes e variadas, desde notificações de e-mail e mídias sociais até novas tecnologias e ferramentas. Criar um ambiente de trabalho que minimize essas distrações é crucial. Isso pode incluir ações simples como desativar notificações desnecessárias, estabelecer horários específicos para verificar e-mails e redes sociais, ou criar um espaço de trabalho que favoreça a concentração.

Por fim, focar no que é importante é o que une todos os outros princípios. Isso significa manter a atenção nas tarefas que realmente impulsionam seu negócio para frente, evitando cair na armadilha de se ocupar com tarefas que parecem urgentes, mas que na realidade têm pouco impacto nos seus objetivos finais. Manter o foco requer disciplina e a constante lembrança de suas metas e prioridades. Ao adotar esses princípios, você estará não apenas gerenciando seu tempo de forma mais eficaz, mas também pavimentando o caminho para o sucesso e crescimento sustentável do seu negócio online.

Técnicas para gerir seu tempo efetivamente

Dentro do universo da gestão do tempo, existem várias técnicas desenvolvidas para auxiliar indivíduos e empresas a otimizar a produtividade e eficiência. Uma das mais populares é a Técnica Pomodoro, criada pelo italiano Francesco Cirillo no final dos anos 1980. Essa técnica é baseada na ideia de que pausas frequentes podem aumentar a agilidade mental. O método envolve a divisão do tempo de trabalho em períodos de 25 minutos, conhecidos como 'pomodoros', seguidos por breves intervalos de 5 minutos. Após quatro pomodoros, sugere-se uma pausa mais longa, de cerca de 15 a 30 minutos. Este ciclo tem o objetivo de manter a mente fresca e focada, prevenindo a fadiga mental. Além disso, a Técnica Pomodoro incentiva a tarefa de planejar antecipadamente as atividades do dia, dividindo-as em pomodoros específicos, o que ajuda na visualização do progresso ao longo do dia e na manutenção do foco em tarefas específicas, reduzindo as chances de procrastinação.

Transitando para outra técnica altamente eficaz de gestão do tempo, temos a GTD - Getting Things Done, desenvolvida por David Allen. Este método é baseado na ideia de que uma pessoa pode aumentar a produtividade ao liberar a mente de lembrar informações, registrando-as externamente. A GTD encoraja a captura de todas as tarefas e compromissos em um sistema confiável fora da mente. Isso significa registrar cada tarefa, grande ou pequena, em um lugar onde possa ser revisada e processada regularmente. Dessa forma, a técnica GTD ajuda a diminuir o estresse e a carga mental, uma vez que as tarefas não são constantemente lembradas, mas sim revisadas e processadas de acordo com um sistema organizado. A técnica GTD é altamente flexível e pode ser adaptada para atender a diferentes estilos de trabalho e necessidades, tornando-a uma ferramenta valiosa para indivíduos e equipes em diversos contextos, incluindo negócios online, onde o fluxo de tarefas e informações é constante e muitas vezes esmagador.

A técnica Getting Things Done (GTD) é uma abordagem holística para a gestão do tempo e a produtividade, que permite às pessoas e organizações operar com maior eficiência e menos estresse. O cerne da GTD reside em tirar tarefas e projetos da mente e organizá-los em um sistema externo confiável. Isso ajuda a liberar a mente de ter que lembrar de cada detalhe e permite focar mais efetivamente na execução das tarefas em si.

A GTD começa com a coleta de todas as tarefas, ideias, projetos e informações que necessitam de atenção. Este processo envolve anotar tudo, grande ou pequeno, que ocupe espaço mental. Em seguida, cada item é processado: se algo pode ser feito em dois minutos ou menos, deve ser feito imediatamente. Se não, deve ser delegado, agendado para uma data futura, ou armazenado como uma referência. O próximo passo é organizar estas tarefas e compromissos em categorias e listas, que podem ser revisadas regularmente. Esta organização pode ser segmentada por contexto, como tarefas que podem ser feitas no escritório, em casa, ou quando se está com um telefone à disposição, por exemplo.

Uma das maiores vantagens da GTD é sua flexibilidade. Ela pode ser aplicada usando várias ferramentas, desde simples cadernos até softwares sofisticados de gerenciamento de tarefas. O foco está em criar um sistema que funcione para o indivíduo ou equipe, adaptando-se a diferentes estilos de trabalho e necessidades. Ao implementar a GTD, muitos acham que sua capacidade de foco e produtividade aumenta significativamente, pois a mente não está mais sobrecarregada com a tentativa de lembrar e gerenciar inúmeras tarefas.

Por fim, outra técnica de gestão do tempo que se destaca é a Técnica Eisenhower. Essa abordagem, baseada no princípio usado pelo presidente Dwight D. Eisenhower, envolve a divisão de tarefas em categorias baseadas em sua importância e urgência. O objetivo é ajudar a priorizar tarefas e tomar decisões mais eficazes sobre como e quando dedicar tempo e recursos a elas. Ao aplicar esta técnica, tarefas são classificadas em uma das quatro categorias: "importante e urgente", "importante, mas não urgente", "não importante, mas urgente", e "nem importante, nem urgente". Essa distinção permite uma alocação de tempo mais estratégica, focando em tarefas que realmente impulsionam objetivos pessoais e empresariais.

A Técnica Eisenhower, também conhecida como a Matriz Eisenhower, é uma ferramenta estratégica para a tomada de decisões e priorização de tarefas. Sua eficácia está na simplicidade com que separa as atividades com base em dois critérios fundamentais: importância e urgência. Esta abordagem permite aos usuários distinguir claramente entre tarefas que necessitam atenção imediata e aquelas que contribuem para os objetivos de longo prazo.

Esta técnica é particularmente útil em ambientes de trabalho dinâmicos e de alta pressão, onde a distinção entre urgente e importante muitas vezes se torna turva. Ao classificar as tarefas, a Técnica Eisenhower fornece uma visão clara do que necessita de ação imediata e do que pode ser planejado para um momento posterior. Esta priorização assegura que os recursos sejam alocados eficientemente e que a energia seja concentrada nas atividades que realmente impulsionam o progresso.

Uma das maiores vantagens desta técnica é a sua capacidade de combater a procrastinação. Ao identificar claramente as tarefas que são importantes, mas não urgentes, os indivíduos são incentivados a dedicar tempo a estas atividades antes que se tornem urgentes. Isso é especialmente valioso para tarefas que contribuem para o crescimento pessoal e profissional, mas que muitas vezes são adiadas em favor de questões mais imediatas.

Além disso, a Técnica Eisenhower também ajuda na delegação eficaz. Ao categorizar as tarefas como não importantes, mas urgentes, ela permite identificar quais atividades podem ser delegadas a outras pessoas. Isso não só alivia a carga de trabalho do indivíduo, mas também contribui para uma distribuição mais equilibrada de tarefas dentro de uma equipe.

Outro benefício desta técnica é a redução do estresse e a melhoria do equilíbrio entre vida profissional e pessoal. Ao focar em tarefas importantes e não urgentes, os indivíduos podem planejar melhor e evitar a pressão de prazos iminentes. Isso permite um trabalho mais ponderado e menos reativo, o que é crucial para manter a qualidade e a eficiência no longo prazo.

Em resumo, a Técnica Eisenhower é uma ferramenta poderosa para qualquer pessoa que deseja aprimorar sua habilidade de gerenciamento de tempo. Ela oferece um método claro e fácil de seguir para avaliar e priorizar tarefas, ajudando a maximizar a produtividade, reduzir a procrastinação, delegar de forma eficiente e manter um equilíbrio saudável entre as esferas profissional e pessoal.

Em conclusão, as técnicas de gestão do tempo que exploramos neste capítulo - a Técnica Pomodoro, GTD (Getting Things Done) e a Técnica Eisenhower - oferecem abordagens diversas e complementares para melhorar a eficiência e a produtividade nos negócios online. Cada uma destas técnicas aborda aspectos específicos do gerenciamento do tempo e, quando aplicadas em conjunto, podem proporcionar uma estrutura robusta para otimizar o uso do tempo.

A implementação eficaz destas técnicas em negócios online não só aumenta a produtividade, mas também contribui para um maior equilíbrio entre a vida profissional e pessoal. Além disso, a capacidade de gerenciar o tempo de forma eficiente é crucial para lidar com as rápidas mudanças e desafios do ambiente digital.

Para medir o sucesso da sua gestão do tempo, é importante estabelecer métricas claras, como a conclusão de tarefas dentro do prazo, a redução do estresse e a melhoria na qualidade do trabalho. A autoavaliação regular e a adaptação das técnicas às suas necessidades específicas são fundamentais para garantir que você esteja sempre no caminho certo para alcançar seus objetivos.

Portanto, ao incorporar a Técnica Pomodoro, GTD e a Técnica Eisenhower em sua rotina, você pode esperar não apenas uma melhoria na gestão do tempo, mas também um aumento significativo na eficácia e satisfação no trabalho. Essas técnicas provaram ser ferramentas valiosas para inúmeros profissionais ao redor do mundo e podem ser a chave para elevar o seu negócio online a novos patamares de sucesso e produtividade.

8 O PÓS-VENDA

O pós-venda é uma etapa crucial para o sucesso contínuo de um negócio online. Envolve não apenas oferecer um bom atendimento ao cliente, mas também estratégias para fidelizá-los e expandir o negócio. Este capítulo abordará como criar uma experiência de pós-venda excepcional, desde o atendimento eficiente de dúvidas e problemas até o desenvolvimento de relações duradouras com os clientes. Exploraremos métodos práticos para fidelizar clientes, incluindo programas de fidelidade e comunicação contínua. Além disso, discutiremos estratégias para expandir seu negócio online, como a exploração de novos mercados e a diversificação de produtos ou serviços.

7.1 Como oferecer um bom atendimento ao cliente

Para oferecer um bom atendimento ao cliente em um negócio online, é essencial adotar uma abordagem multifacetada. Comece estabelecendo múltiplos canais de suporte, como e-mail, chat ao vivo e suporte telefônico, para que os clientes possam escolher o método que preferem.

É vital treinar sua equipe de atendimento ao cliente para garantir que eles não apenas compreendam profundamente os produtos ou serviços oferecidos, mas também possuam habilidades de comunicação excelentes. Isso inclui serem empáticos, pacientes e solucionadores de problemas eficientes.

Personalize as interações tanto quanto possível. Isso pode ser feito usando o nome do cliente durante a conversa e referindo-se a interações passadas para criar uma conexão mais pessoal.

O atendimento ao cliente em negócios online é uma rica fonte de dados sobre preferências, gostos e comportamentos dos clientes. A utilização de um sistema CRM (Customer Relationship Management) pode ajudar a rastrear essas interações com clientes, proporcionando um atendimento mais personalizado e informado, além de coletar dados importantes. Cada interação, seja via chat, e-mail ou telefone, fornece insights valiosos que podem ser usados para refinar a persona do cliente e a estratégia de marketing.

Implementar uma política de feedback é outra chave para melhorar continuamente o atendimento ao cliente. Após cada interação, solicite feedback e use essas informações para fazer ajustes e melhorias. Responder rapidamente às solicitações dos clientes também é crucial. Estabeleça um tempo máximo de resposta e esforce-se para resolver as questões dos clientes de forma eficiente. Além disso, pesquisas de satisfação são uma ferramenta eficaz para coletar feedback direto dos clientes. Esse feedback pode revelar tendências e preferências emergentes, ajudando a manter as personas atualizadas e alinhadas com as necessidades e desejos reais dos clientes. Essa coleta de dados contínua é fundamental para um marketing mais direcionado e eficaz, otimizando o orçamento e maximizando o ROI.

A utilização de Inteligência Artificial (IA) e Chatbots no atendimento ao cliente é uma estratégia inovadora que pode transformar a eficiência e a qualidade do serviço oferecido em negócios online. Chatbots alimentados por IA podem fornecer respostas rápidas e precisas a perguntas comuns dos clientes, liberando a equipe de atendimento para lidar com questões mais complexas. Eles podem ser programados para fornecer informações sobre produtos, processar pedidos, rastrear entregas e até mesmo lidar com devoluções ou reclamações.

A IA também pode ser usada para analisar padrões de perguntas e feedback dos clientes, identificando áreas de melhoria no serviço ou no produto. Além disso, a integração de chatbots com sistemas CRM permite um atendimento mais personalizado, adaptando as respostas com base no histórico de interações do cliente.

Em resumo, a implementação de IA e chatbots pode aumentar significativamente a eficiência e a eficácia do atendimento ao cliente em um negócio online, proporcionando uma experiência mais rápida e satisfatória para os clientes.

Finalmente, crie uma base de conhecimento ou FAQs (Perguntas Frequentes) em seu site para que os clientes possam encontrar rapidamente as respostas para as dúvidas mais comuns, reduzindo a carga sobre sua equipe de atendimento ao cliente.

Em suma, um bom atendimento ao cliente é uma combinação de acessibilidade, conhecimento do produto, habilidades de comunicação, personalização e feedback contínuo. Implementando essas práticas, você estará bem posicionado para fornecer um serviço excepcional que satisfaça e retenha clientes.

7.2 Como fidelizar os clientes

Fidelizar clientes em um negócio online é um processo que combina excelente serviço, experiência personalizada e comunicação contínua. Comece entendendo as necessidades e preferências dos seus clientes. Use essa informação para personalizar a experiência deles, seja através de recomendações de produtos personalizadas, conteúdo direcionado ou ofertas especiais.

Implemente programas de fidelidade que recompensem clientes por compras recorrentes ou referências. Esses programas podem incluir descontos, ofertas exclusivas ou acesso antecipado a novos produtos.

Negócios físicos têm diversas maneiras de fidelizar clientes. Mercados, por exemplo, podem criar um sistema de cadastro, coletando nomes e telefones para enviar cupons de desconto periodicamente aos clientes mais frequentes. Clínicas estéticas e salões de beleza podem desenvolver programas de fidelidade digitais, oferecendo serviços gratuitos ou com desconto após um certo número de visitas ou gastos. Restaurantes podem implementar noites de clientes VIP com degustações exclusivas para clientes regulares. Essas estratégias criam um senso de valor e apreço, incentivando os clientes a retornarem regularmente.

A implementação de um controle digital dos clientes é essencial para negócios modernos. Criar um banco de dados digital permite coletar, armazenar e analisar informações dos clientes de forma eficiente e segura. Com esses dados, é possível entender melhor os padrões de compra, preferências e comportamentos dos clientes. Isso facilita a personalização da comunicação, a criação de ofertas direcionadas e o aprimoramento da experiência do cliente. Além disso, a análise desses dados pode revelar tendências de mercado e oportunidades de crescimento, ajudando nas decisões estratégicas do negócio. Em resumo, um controle digital eficaz dos clientes é fundamental para qualquer negócio que deseje se manter competitivo e orientado a dados.

Além disso, mantenha uma comunicação regular e significativa com os clientes. Newsletters, atualizações de produtos e feedback personalizado são excelentes formas de manter os clientes envolvidos e interessados na sua marca. Por exemplo, a partir de um controle digital é possível verificar a periodicidade que cada cliente utiliza o seu serviço ou compra um determinado produto com você. Utilizando automações é possível enviar uma mensagem para esse cliente quando ele deixar de consumir determinado produto ou serviço oferecendo um desconto ou algum bônus.

Suponha que um cliente de um salão de beleza normalmente faz um corte de cabelo a cada dois meses. O sistema pode identificar automaticamente se esse cliente não agendou uma visita após o período usual de dois meses. Em resposta, uma automação pode ser configurada para enviar um e-mail ou mensagem ao cliente, oferecendo um desconto ou tratamento bônus na próxima visita. Essa abordagem personalizada não só incentiva o cliente a retornar, mas também fortalece a relação cliente-empresa.

Por fim, sempre peça feedback e use-o para melhorar continuamente a experiência do cliente. Lembre-se, clientes fiéis não são apenas uma fonte de receita recorrente, mas também podem se tornar defensores da sua marca.

7.3 Como usar seus clientes para expandir o seu negócio

Para expandir um negócio eficazmente no contexto de pós-venda e interação com o cliente, é crucial implementar sistemas de recomendação inteligentes e transformar clientes em embaixadores da marca.

Sistemas de recomendação podem ser baseados em IA para analisar o histórico de compras e preferências dos clientes, sugerindo produtos ou serviços que eles possam gostar. Por exemplo, se um cliente frequentemente compra livros de um gênero específico em sua loja online, o sistema pode recomendar lançamentos similares.

Para transformar clientes em embaixadores da marca, crie programas que incentivem a partilha das experiências positivas, como sistemas de referência onde os clientes ganham recompensas por trazer novos clientes. Além disso, engaje ativamente com os clientes nas redes sociais e incentive-os a compartilhar suas experiências com seus produtos ou serviços.

Ao combinar tecnologia avançada com uma abordagem centrada no cliente, é possível não só expandir o negócio, mas também construir uma marca forte e uma base de clientes leais e engajados. Utilizar o banco de dados de clientes para criar públicos semelhantes é uma estratégia eficaz em marketing digital. Ao analisar dados como nome, e-mail e telefone, você pode identificar características comuns entre seus clientes atuais e usar essas informações para segmentar audiências similares em plataformas como Facebook e Google Ads. Isso permite que suas campanhas de marketing alcancem pessoas com maior probabilidade de interesse em seus produtos ou serviços, aumentando a eficiência das suas ações de marketing. Portanto, manter um controle digital preciso e atualizado dos dados dos clientes é essencial para o sucesso dessa estratégia.

9 SUA MELHOR FERRAMENTA: REDES SOCIAIS

As redes sociais se tornaram uma ferramenta indispensável no mundo dos negócios, especialmente para quem busca aumentar sua presença e autoridade, bem como expandir seu alcance de mercado. Neste cenário, o Instagram destaca-se como uma plataforma chave, especialmente no Brasil. Em 2023, o Instagram atingiu um número significativo de usuários no país, com **113,5 milhões de brasileiros utilizando a plataforma**.

Com milhões de usuários ativos diariamente, o Instagram oferece uma plataforma imensa para as marcas se conectarem com seu público. Estatísticas recentes mostram que o Brasil é um dos países com o maior número de usuários ativos no Instagram, o que evidencia um campo fértil para empresas de todos os tamanhos promoverem seus produtos e serviços. Esses números não apenas destacam a popularidade da plataforma, mas também demonstram o potencial de alcance que as empresas podem obter ao investir nessa rede social.

A relevância da plataforma no mercado de mídia social é ainda mais evidente quando observamos seu alcance global. Em 2023 a rede atingiu mais de 2 bilhões de usuários ativos mensais em todo o mundo. Este crescimento é notável. Principalmente para empresas que visam públicos mais jovens, o Instagram tornou-se uma ferramenta indispensável, visto que mais de 70% dos usuários da plataforma são indivíduos com menos de 35 anos.

Além do impacto em termos de alcance e engajamento, as redes sociais representam um significativo volume financeiro. Focando nos lucros da Meta, a empresa-mãe do Instagram, podemos ver um exemplo claro do potencial econômico dessas plataformas. Nos últimos anos, o Instagram transformou-se em uma máquina de fazer dinheiro para a Meta, com receitas crescentes provenientes de publicidade e parcerias comerciais.

No relatório financeiro de 2023, a Meta reportou um aumento significativo em sua receita e lucro líquido. Para o terceiro trimestre do ano, a empresa registrou uma receita de $34,1 bilhões, um aumento de 23% em relação ao ano anterior. No mesmo ano, foi previsto que 41,5% das receitas de publicidade da Meta viriam do Instagram, com a plataforma tendo um crescimento mais rápido do que o Facebook em termos de receitas publicitárias. Esses números demonstram o poder econômico das plataformas de mídia social, especialmente do Instagram, na geração de receita substancial para as empresas. Esta tendência também reflete o potencial de marketing e monetização que as empresas podem explorar ao utilizar as plataformas para suas campanhas de publicidade.

Essa tendência é um reflexo do quanto as empresas estão dispostas a investir em publicidade nas redes sociais. O dinheiro movimentado através destas plataformas não se limita apenas à publicidade direta, mas também inclui o comércio eletrônico, parcerias com influenciadores e outras formas de marketing digital. Ao compreender esses fluxos financeiros, as empresas podem melhor direcionar seus investimentos e estratégias para maximizar o retorno sobre o investimento (ROI) em suas campanhas de marketing nas redes sociais.

Estes números refletem não apenas a popularidade da plataforma, mas também seu enorme potencial como um canal de marketing digital. Com uma audiência tão vasta e diversificada, o Instagram é um ótimo exemplo de como as redes sociais podem oferecer oportunidades únicas para as marcas se conectarem com seu público-alvo de maneira criativa e impactante. Para as empresas, entender essas estatísticas e saber como utilizá-las eficazmente é fundamental para desenvolver estratégias de marketing digital bem-sucedidas e maximizar o retorno sobre o investimento em suas campanhas de redes sociais.

Logo, não importa qual seja o seu modelo de negócio, se você não está promovendo esforços de marketing através das redes sociais, **você está deixando dinheiro na mesa**.

O primeiro passo fundamental para utilizar essa ferramenta é a escolha da rede mais adequada ao seu negócio, e isso está intimamente relacionado ao seu público. Já falamos em relação a isso de uma forma bem simples anteriormente, mas agora vamos aprofundar um pouco mais.

Cada plataforma tem suas peculiaridades, públicos e modos de interação, o que significa que uma estratégia que funciona bem em uma pode não ser tão eficaz em outra.

O Instagram, por exemplo, é uma plataforma altamente visual, perfeita para marcas que podem expressar seu valor por meio de imagens e vídeos atraentes. Ideal para negócios de moda, beleza, arte e gastronomia, o Instagram permite uma conexão direta com um público predominantemente jovem e entusiasta de tendências. As marcas bem-sucedidas no Instagram costumam utilizar uma mistura de postagens regulares, stories envolventes e vídeos ao vivo para manter seu público engajado. O uso estratégico de hashtags e a interação constante com os seguidores também são práticas comuns para aumentar o alcance e a visibilidade.

Por outro lado, o Facebook oferece um alcance mais amplo em termos de demografia. Esta plataforma é excelente para construir comunidades e se engajar com um público diversificado. Com suas funcionalidades de grupos, eventos e a possibilidade de publicidade segmentada, o Facebook é ideal para empresas que buscam estabelecer um diálogo mais próximo com seus clientes. As empresas podem usar esta plataforma para compartilhar atualizações, promover ofertas especiais e coletar feedback dos clientes, o que torna o Facebook um canal vital para o atendimento ao cliente e a fidelização da marca.

O Twitter (X), conhecido por seu formato rápido e direto, é ideal para empresas que desejam se manter atualizadas com as tendências e ter uma comunicação ágil com seus clientes. É uma excelente ferramenta para atendimento ao cliente, permitindo respostas rápidas a consultas e reclamações. Além disso, as empresas podem usar o Twitter para compartilhar atualizações, notícias da indústria e conteúdo relevante, ajudando a estabelecer a marca como uma autoridade em seu campo.

O LinkedIn é a plataforma de escolha para negócios B2B e networking profissional. Aqui, o foco está no conteúdo de valor, como artigos de liderança de pensamento, atualizações da indústria e dicas de carreira. Para empresas que oferecem produtos ou serviços para outras empresas, o LinkedIn é um recurso valioso para gerar leads e estabelecer conexões profissionais.

Finalmente, o TikTok emergiu como a plataforma de escolha para alcançar a Geração Z. Com seu formato único de vídeos curtos e tendências virais, o TikTok oferece uma oportunidade para as marcas serem criativas e se conectarem com um público mais jovem de uma maneira divertida e autêntica. As marcas de sucesso nesta plataforma tendem a se engajar com o público por meio de desafios de hashtags, colaborações com influenciadores e conteúdo que destaca a personalidade e os valores da marca de maneira autêntica e divertida.

Para escolher a rede social mais adequada para o seu negócio, é fundamental considerar o perfil do seu público-alvo, o tipo de conteúdo que você pode produzir consistentemente e os objetivos de marketing que você deseja alcançar. Uma marca de moda jovem e urbana, por exemplo, pode se beneficiar mais com o Instagram e o TikTok, onde pode mostrar seus produtos de forma visual e dinâmica. Já uma consultoria de negócios pode encontrar mais valor no LinkedIn, onde pode compartilhar insights da indústria e conteúdo profissional.

Vamos examinar alguns exemplos práticos:

Marca de Moda no Instagram: Uma marca de moda pode utilizar o Instagram para mostrar suas últimas coleções por meio de fotos estilizadas e vídeos de bastidores. O engajamento com influenciadores e a participação em tendências de moda podem aumentar significativamente seu alcance e reconhecimento de marca.

Restaurante Local no Facebook: Um restaurante pode usar o Facebook para promover eventos especiais, compartilhar o menu diário e publicar avaliações de clientes. A criação de uma comunidade local engajada por meio de posts interativos e respostas rápidas a comentários e perguntas também pode ser uma estratégia eficaz.

Startup Tecnológica no Twitter: Uma startup focada em tecnologia pode usar o Twitter para compartilhar atualizações rápidas sobre seus produtos, responder a perguntas de clientes e participar de conversas sobre tendências tecnológicas, estabelecendo-se como uma voz autorizada na indústria.

Empresa B2B no LinkedIn: Uma empresa que oferece serviços B2B pode se beneficiar do LinkedIn para compartilhar artigos sobre liderança de pensamento, notícias da indústria e atualizações da empresa, ajudando a construir uma rede de contatos profissionais e potenciais clientes.

Marca de Beleza no TikTok: Uma marca de cosméticos pode usar o TikTok para criar vídeos envolventes que demonstram seus produtos, participam de desafios de beleza populares e colaboram com influenciadores para alcançar um público mais jovem.

Cada rede social oferece oportunidades únicas e, ao entender suas diferenças e aplicar estratégias adaptadas a cada uma delas, as empresas podem maximizar seu impacto e alcançar seus objetivos de marketing de forma mais eficaz.

O segundo passo é a criação de um perfil atraente e representativo para sua marca nas redes sociais e a elaboração de conteúdo de valor, que são essenciais para estabelecer uma presença digital forte e eficaz. Ao abordar esses aspectos, é crucial considerar tanto a representação visual quanto a substância do conteúdo oferecido.

Começando pela criação do perfil, o primeiro passo é garantir que o nome do perfil seja facilmente reconhecível e consistente em todas as plataformas. Isso ajuda na identificação imediata da marca pelos usuários. A identidade visual é igualmente crucial; utilizar o logotipo da empresa como imagem de perfil reforça a identificação da marca, enquanto a imagem de capa pode ser usada para destacar campanhas, produtos ou serviços atuais, criando um apelo visual imediato.

A biografia do perfil (Bio) é outra ferramenta vital. Ela deve ser concisa, mas informativa, oferecendo uma visão clara do que a empresa faz, seu público-alvo e seu diferencial no mercado. A inclusão de palavras-chave relevantes pode ajudar na otimização para mecanismos de busca, e a adição de um link para o site ou uma página de destino específica é essencial para direcionar o tráfego.

A estética geral do perfil também é importante. Manter uma coerência visual em suas postagens, seja através de um esquema de cores, estilo de fotografia ou tipo de gráfico, ajuda a criar uma identidade de marca coesa e reconhecível. Essa coerência visual não apenas atrai a atenção, mas também ajuda na construção de uma narrativa de marca consistente.

Quando se trata de criar conteúdo de valor, é vital começar com um entendimento claro do público-alvo. Conhecer as preferências, interesses e comportamentos do público ajuda a moldar o tipo de conteúdo que será mais atraente e relevante para eles. Utilizar uma variedade de formatos, como imagens, vídeos, infográficos e textos, pode manter o conteúdo fresco e interessante, ao mesmo tempo que atende a diferentes preferências do público.

A educação e inspiração são componentes-chave do conteúdo de valor. Oferecer conteúdo que não apenas informe, mas também inspire ou entretenha, pode aumentar significativamente o engajamento e a fidelidade à marca. Isso pode incluir desde tutoriais e dicas úteis até estudos de caso e histórias inspiradoras de clientes.

A frequência e consistência das postagens são igualmente importantes. Manter uma programação regular de postagens ajuda a manter a marca na mente do público e é benéfico para os algoritmos das redes sociais. A análise dos insights da própria página pode fornecer informações valiosas sobre os melhores horários para postar, garantindo que o conteúdo alcance o maior número possível de usuários.

Por fim, a análise do desempenho do conteúdo é crucial para refinar e melhorar continuamente a estratégia de marketing nas redes sociais. Ferramentas analíticas fornecem dados valiosos sobre o que funciona e o que não funciona, permitindo ajustes que podem aumentar a eficácia das postagens.

Em suma, a combinação de um perfil bem projetado e conteúdo de valor não apenas captura a atenção do público, mas também constrói um relacionamento duradouro e significativo com ele.

O terceiro passo é estabelecer estratégias de publicidade, que pode ser paga ou orgânica. Ambas as abordagens possuem vantagens e desvantagens distintas que precisam ser consideradas com base nos objetivos e recursos de cada negócio.

A publicidade paga, como o próprio nome sugere, envolve o pagamento para exibir anúncios ou promover postagens nas plataformas de redes sociais. Uma de suas maiores vantagens é a capacidade de alcançar rapidamente um público amplo e segmentado. Por exemplo, plataformas como Facebook e Instagram permitem que os anunciantes direcionem seus anúncios com base em uma variedade de critérios, incluindo idade, localização, interesses e comportamento online. Isso significa que as empresas podem alcançar precisamente aqueles usuários que têm maior probabilidade de se interessar por seus produtos ou serviços, aumentando a eficiência do anúncio. Além disso, a publicidade paga oferece resultados rápidos e mensuráveis, permitindo que as empresas vejam o retorno sobre o investimento quase imediatamente.

No entanto, a desvantagem da publicidade paga é que ela requer um orçamento contínuo. Assim que o pagamento para os anúncios é interrompido, a visibilidade geralmente cai drasticamente. Além disso, alguns consumidores podem ser céticos em relação a anúncios pagos, preferindo conteúdo orgânico que percebem como mais autêntico.

Por outro lado, a publicidade orgânica refere-se à utilização de métodos gratuitos para aumentar a visibilidade e o engajamento nas redes sociais. Essa abordagem se baseia na criação de conteúdo atraente e relevante que naturalmente atrai a atenção e encoraja os usuários a se engajarem e compartilharem. A principal vantagem da publicidade orgânica é a construção de relacionamentos duradouros e confiança com o público. Esta forma de marketing tende a ser vista como mais autêntica e pode levar a uma lealdade mais forte à marca a longo prazo. Além disso, uma vez que o conteúdo de alta qualidade pode continuar a atrair atenção por um longo período, os esforços orgânicos podem ter um efeito duradouro.

No entanto, a publicidade orgânica tem suas limitações. O alcance orgânico em muitas plataformas de redes sociais tem diminuído ao longo dos anos, tornando cada vez mais difícil alcançar um grande público sem investir em publicidade paga. Além disso, a construção de uma presença orgânica forte e eficaz exige tempo e esforço consistentes. É necessário criar e compartilhar conteúdo regularmente e interagir com o público para construir engajamento ativo. Além disso, o sucesso orgânico depende fortemente da qualidade e relevância do conteúdo, o que pode ser um desafio, especialmente para empresas menores ou iniciantes sem muita experiência em criação de conteúdo.

Além da escolha entre publicidade paga e orgânica, outra consideração importante no marketing digital é o uso efetivo de hashtags e técnicas de SEO para aumentar a visibilidade e o alcance orgânico das publicações. As hashtags são uma ferramenta poderosa nas redes sociais, pois permitem que os conteúdos sejam descobertos por usuários que buscam tópicos específicos. Usar hashtags relevantes e populares, mas não superlotadas, pode aumentar significativamente a visibilidade de uma postagem. É essencial equilibrar hashtags gerais com outras mais específicas ou exclusivas da marca para atingir uma variedade de públicos.

Por outro lado, o SEO é fundamental para otimizar o conteúdo para os mecanismos de busca, garantindo que ele apareça nas primeiras posições dos resultados de pesquisa. Isso inclui a otimização de títulos, descrições e o uso de palavras-chave relevantes. No entanto, é importante evitar o excesso de otimização, mantendo o conteúdo natural e agradável para os leitores.

A decisão entre publicidade paga e orgânica deve ser baseada nos objetivos específicos da empresa, no orçamento disponível e no perfil do público-alvo. Enquanto a publicidade paga oferece resultados rápidos e segmentação específica, a publicidade orgânica constrói relacionamentos e confiança a longo prazo.

Enquanto a publicidade expande os horizontes do seu público, é primordial gerar engajamento e senso de comunidade na sua audiência. Esta interação não apenas aumenta a visibilidade e o alcance da marca, mas também constrói relacionamentos duradouros e confiança com o público. Uma abordagem eficaz para interação envolve várias estratégias.

Em primeiro lugar, é crucial responder aos comentários e mensagens dos seguidores de forma oportuna e personalizada. Isso mostra que a marca valoriza seus seguidores e está disposta a se engajar em um diálogo genuíno com eles. Respostas automatizadas ou genéricas podem parecer impessoais e afastar os seguidores, enquanto interações autênticas e atenciosas podem fortalecer a lealdade à marca.

Além disso, incentivar a participação do público através de conteúdo interativo é uma maneira eficaz de aumentar o engajamento. Isso pode incluir a realização de enquetes, Q&As (perguntas e respostas), concursos e desafios que incentivem os seguidores a interagir e compartilhar suas próprias experiências e opiniões. Isso não apenas aumenta a visibilidade das postagens, mas também proporciona insights valiosos sobre as preferências e interesses do público.

Criar conteúdo que ressoe com o público-alvo é outro aspecto importante. Isso significa entender o que os seguidores querem ver e fornecer conteúdo que seja relevante, informativo e divertido. A criação de conteúdo de qualidade que reflete os valores e a personalidade da marca pode ajudar a estabelecer uma voz única e atraente nas redes sociais.

Por outro lado, campanhas e parcerias com influenciadores ou outras marcas podem ser extremamente benéficas para ampliar o alcance e a visibilidade. Colaborações com influenciadores que têm uma base de seguidores alinhada com o público-alvo da marca podem ser uma forma eficaz de atingir novos públicos. Ao escolher influenciadores ou parceiros, é vital garantir que haja uma sinergia genuína e que os valores da marca se alinhem, para manter a autenticidade e a credibilidade.

As parcerias podem assumir várias formas, desde postagens patrocinadas e menções em redes sociais até campanhas colaborativas e eventos conjuntos. Independentemente do formato, é importante que ambas as partes se beneficiem da parceria e que o conteúdo criado seja de alta qualidade e relevante para os seguidores de ambas as marcas.

Interagir efetivamente com os seguidores e estabelecer parcerias estratégicas são aspectos cruciais do marketing em redes sociais. Ao manter uma comunicação aberta e genuína com o público e colaborar com influenciadores e outras marcas de maneira autêntica e estratégica, as empresas podem construir uma comunidade engajada e expandir sua base de seguidores. Esta abordagem combinada cria um sentimento de comunidade e lealdade, o que é fundamental para o sucesso a longo prazo em qualquer estratégia de marketing digital. Ao promover uma interação genuína e estabelecer colaborações significativas, as marcas podem se destacar em um espaço digital cada vez mais saturado, construindo uma presença online sólida e influente.

Aqui temos um ponto de inflexão. Criar conteúdo, gerar valor para a audiência, se relacionar com o público e investir em anúncios é apenas o básico, **todo mundo faz**. O que vai diferenciar o seu negócio é saber extrair plenamente os insights e análises dos dados provenientes da sua rede social e assim otimizar sua operação.

A análise de dados e os ajustes estratégicos são fundamentais para o sucesso das campanhas de marketing. Com o avanço das ferramentas analíticas, as empresas agora têm a capacidade de monitorar o desempenho de suas estratégias de marketing com precisão e em tempo real, o que oferece uma oportunidade sem precedentes para otimizar campanhas e maximizar o retorno sobre o investimento.

O uso de ferramentas analíticas permite que as empresas rastreiem uma variedade de métricas importantes, como taxas de engajamento, alcance, cliques, conversões e muito mais. Essas ferramentas variam desde as integradas em plataformas de redes sociais, como Facebook Insights e Twitter Analytics, até soluções mais abrangentes como o Google Analytics e softwares de automação de marketing. Essas ferramentas fornecem dados valiosos que podem ajudar a entender o comportamento do público, identificar quais tipos de conteúdo geram mais engajamento e determinar a eficácia das campanhas publicitárias.

A análise desses dados é crucial para fazer ajustes estratégicos. Por exemplo, se uma análise revela que certos tipos de posts estão gerando mais engajamento, a estratégia de conteúdo pode ser ajustada para se concentrar mais nesses formatos. Da mesma forma, se os dados mostrarem que uma campanha publicitária não está atingindo o público-alvo desejado, pode ser necessário reavaliar e modificar os parâmetros de segmentação da campanha.

Além disso, a análise de dados permite uma compreensão mais profunda das tendências do mercado e das preferências do público. Isso pode informar a direção geral das estratégias de marketing, ajudando as empresas a se adaptarem a mudanças no mercado e a manterem-se relevantes para seu público. Por exemplo, uma tendência crescente em direção ao conteúdo de vídeo pode levar uma empresa a investir mais em produção de vídeo para redes sociais.

Os ajustes estratégicos baseados em análise de dados não são um evento único, mas sim um processo contínuo. O ambiente digital está sempre mudando, e o que funciona hoje pode não funcionar amanhã. Portanto, é vital para as empresas manterem uma abordagem ágil e estar prontas para adaptar suas estratégias continuamente, especialmente em resposta a novas informações e feedback dos dados analíticos. A agilidade e a capacidade de se adaptar rapidamente são aspectos cruciais na otimização das estratégias de marketing digital.

Além disso, a análise de dados desempenha um papel vital na identificação de áreas de melhoria. Por exemplo, se os dados indicarem uma alta taxa de rejeição em um site, isso pode sinalizar problemas com o conteúdo ou a usabilidade do site. Da mesma forma, a análise de padrões de engajamento pode revelar os melhores momentos para postar ou os tipos de chamadas para ação (CTAs) que são mais eficazes.

A implementação de mudanças com base em análises de dados requer uma abordagem equilibrada. É importante evitar reações exageradas a variações menores nos dados e focar em tendências a longo prazo e insights significativos. Além disso, qualquer ajuste estratégico deve ser alinhado com os objetivos gerais da empresa e os valores da marca para garantir uma abordagem coerente e integrada.

A capacidade de analisar dados de forma eficaz e fazer ajustes estratégicos com base nesses insights é uma habilidade inestimável no mundo do marketing digital. As empresas que dominam essa arte podem não apenas melhorar o desempenho de suas campanhas, mas também ganhar uma vantagem competitiva significativa ao se adaptarem rapidamente às mudanças do mercado e às necessidades de seus clientes.

Existem milhares de casos de sucesso para listar. Quando o assunto é estratégia de uso de redes sociais, vemos que o alinhamento dos aspectos que falamos anteriormente neste livro (como público, narrativa, conteúdo, ferramentas, análise e otimização) quando associados a criatividade e inovação levam negócios a patamares superiores em tempo recorde.

Ao explorar histórias inspiradoras de negócios que alcançaram sucesso significativo através das redes sociais, observamos várias estratégias criativas e eficazes. Uma dessas histórias é a da Coconut Bliss, uma empresa de sobremesas, que utilizou fotos divertidas e amigáveis para mostrar seus produtos, gerando um grande engajamento com seus clientes. Eles também implementaram concursos e parcerias estratégicas, como a colaboração com a VegNews, oferecendo campanhas de prêmios para aumentar sua base de clientes.

Outro exemplo notável é o da JamaicansMusic, um canal de música online, que cresceu sua audiência para 1,5 milhão em apenas 4 meses. Eles ofereceram concursos, música gratuita, jogos e outros recursos valiosos, dando aos seus fãs no Facebook muitas razões para revisitar a página e compartilhar com seus amigos.

A SEOMoz, um provedor de serviços de otimização de mecanismos de busca e monitoramento social, se destacou pelo uso de mecânicas de jogos em seu site para estimular a participação de escritores e membros do site, um processo conhecido como "Gamificação". Cada post, comentário e curtida gera pontos que ajudam a distinguir os especialistas da multidão.

Ana White, uma carpinteira que se autodenomina "homemaker", criou uma comunidade online massiva para projetos de móveis faça-você-mesmo. Com mais de 51.000 fãs no Facebook, Ana publica guias gratuitos de como fazer móveis e pede aos fãs que postem fotos de seus projetos bem-sucedidos, uma estratégia que resultou em um site extremamente popular onde a maior parte do conteúdo é gerada pelos usuários.

Esses casos demonstram a importância de estratégias de conteúdo criativas e engajamento. Através de suas abordagens únicas, esses negócios conseguiram não apenas crescer sua presença online, mas também criar laços fortes e duradouros com seus públicos.

A Depop, descrita como uma mistura de Instagram e eBay, é um aplicativo de vendas sociais que alcançou grande sucesso graças à sua jovem e entusiasta comunidade de fãs da moda. A chave para o sucesso da Depop foi o conteúdo gerado pelo usuário, um elemento central da sua estratégia de mídia social. Eles constantemente promoviam o que estava popular em sua própria plataforma, criando um sentimento de "medo de perder algo" (FOMO) entre seus usuários.

Da mesma forma, o Chipotle foi uma das primeiras marcas a apostar no TikTok, e essa decisão se mostrou muito benéfica. A maior parte do conteúdo do Chipotle no TikTok envolve desafios de tendências, como o #ChipotleLidFlip, que gerou mais de 240 milhões de visualizações. Seu segundo desafio, #GuacDance, foi ainda mais bem-sucedido, com 430 milhões de inícios de vídeo em seis dias. Ao criar conteúdo divertido e único no TikTok, o Chipotle conseguiu se reconectar com os consumidores mais jovens.

Outro exemplo é o da Warby Parker, que gerou grande parte de seu sucesso através do marketing boca a boca, impulsionado por um conteúdo social inteligente. A marca ganhou exposição extra com seus 'Spinnies', uma parceria com o comediante dos EUA, Jimmy Fallon, e também com sua estratégia de conteúdo gerado pelo usuário, usando hashtags como #atwarby e #warbyhometryon para promover tanto a experiência da loja física quanto a online.

O Gymshark, com quase nove milhões de seguidores em três canais do Instagram, é um dos exemplos mais visíveis de marcas fitness na plataforma. O crescimento da marca, que inclui um aumento considerável no faturamento, deve-se em grande parte à sua compreensão sagaz das redes sociais e dos influenciadores de fitness que dominam a plataforma. A Gymshark patrocina muitos influenciadores, aproveitando seus públicos combinados. Além do conteúdo orgânico, a Gymshark também investiu em anúncios pagos nas redes sociais. Por exemplo, sua campanha de Black Friday em 2017 viu um retorno de 6.6 vezes o investimento em publicidade e resultou em 40% das vendas da promoção vindo do Instagram.

Essas histórias de sucesso demonstram a importância de abordagens criativas e bem pensadas nas redes sociais. Seja através de conteúdo gerado pelo usuário, desafios virais, parcerias inteligentes com influenciadores ou campanhas publicitárias inovadoras, essas marcas souberam utilizar as plataformas de mídia social para alcançar seus objetivos de marketing e construir conexões sólidas com seus públicos.

Estes casos são exemplos inspiradores de como as redes sociais podem ser uma ferramenta poderosa para crescimento e engajamento de marca. Agora é a sua vez de colocar em prática o que vimos até aqui e potencializar o seu negócio.

10 INTEGRAÇÃO HARMÔNICA

A integração entre negócios físicos e online é crucial no cenário atual, onde consumidores esperam uma experiência de compra coesa, independentemente do canal. Dados mostram que negócios que oferecem uma experiência omnicanal retêm em média 89% de seus clientes, comparado a 33% para aqueles com estratégias menos integradas. Vamos explorar estratégias eficazes de marketing, como unificar campanhas online e offline, a importância de sistemas de vendas integrados para uma gestão de estoque precisa e como uma logística otimizada pode reduzir custos e melhorar a satisfação do cliente. Este planejamento cuidadoso e integração efetiva são essenciais para atender às expectativas modernas dos consumidores e garantir o sucesso a longo prazo.

O Marketing Integrado é uma estratégia crucial para negócios que operam tanto online quanto fisicamente. Essa abordagem assegura que a mensagem da marca seja consistente em todas as plataformas, fortalecendo o reconhecimento e a lealdade do cliente. Por exemplo, se uma loja de roupas lança uma nova coleção, essa mesma campanha deve estar visível tanto na loja física quanto em seus canais digitais, como site, redes sociais e e-mail marketing.

Um elemento chave do marketing integrado é a consistência na comunicação visual e na mensagem. Isso significa que logotipos, cores da marca e tom de voz devem ser uniformes, seja em um outdoor, em um post de Instagram ou em um banner no site. Essa consistência ajuda a criar uma identidade de marca forte e reconhecível, que os clientes podem identificar e confiar, independentemente do canal que estão interagindo.

Além disso, as campanhas promocionais devem ser sincronizadas entre os canais. Por exemplo, se uma promoção de "compre um e leve outro" é oferecida na loja física, essa mesma oferta deve ser promovida online. Isso não apenas proporciona uma experiência de compra mais fluida para os clientes, mas também pode ajudar a direcionar o tráfego entre os canais. Por exemplo, uma oferta online pode incentivar os clientes a visitar a loja física e vice-versa.

Outro aspecto importante do marketing integrado é a utilização de dados e feedbacks dos clientes para aprimorar as estratégias de marketing. Ferramentas analíticas podem ser usadas para entender o comportamento do cliente em ambos os ambientes, online e offline, permitindo ajustes nas estratégias de marketing para atender melhor às suas necessidades e preferências. O marketing integrado é sobre criar uma experiência de marca unificada e coesa, independentemente de como ou onde o cliente interage com sua marca. Isso é essencial para construir confiança, melhorar a experiência do cliente e, finalmente, impulsionar vendas e fidelização.

Implementar vendas unificadas também são fundamentais para garantir uma experiência de compra coesa para os clientes, independentemente de estarem comprando online ou em uma loja física. Uma técnica eficaz é a implementação de um sistema de Ponto de Venda (POS) integrado, que sincroniza o inventário entre a loja física e a online. Isso permite que os clientes vejam a disponibilidade de produtos em tempo real, independentemente de onde estão comprando, e evita a frustração causada por discrepâncias de estoque.

Outra estratégia é oferecer opções como "comprar online e retirar na loja" ou "devoluções fáceis", onde os clientes podem devolver produtos comprados online na loja física. Isso não só melhora a conveniência para o cliente, mas também aumenta as oportunidades de vendas cruzadas durante a retirada ou devolução na loja.

Além disso, treinar a equipe para oferecer um atendimento consistente e informado, tanto online quanto na loja física, é essencial. Isso inclui conhecimento sobre produtos, políticas de devolução e promoções em andamento. Sistemas de vendas unificadas envolvem a criação de uma experiência de compra integrada e sem emendas, aumentando a satisfação do cliente e fomentando a lealdade à marca.

Um outro aspecto importantíssimo em negócios que integram operações online e físicas é a logística otimizada, crucial para garantir eficiência e satisfação do cliente. Uma estratégia eficaz é implementar um sistema de gestão de pedidos que coordene as entregas e a coleta de produtos na loja. Isso não apenas simplifica o processo de cumprimento de pedidos, mas também reduz os tempos de espera e melhora a experiência do cliente. Para os negócios que oferecem a opção de "comprar online e retirar na loja", um sistema logístico bem integrado é essencial para garantir que os produtos estejam prontos e disponíveis quando o cliente chegar para coletá-los. Isso requer uma coordenação cuidadosa entre os sistemas online e os processos da loja física. Além disso, a otimização da logística inclui também a gestão eficiente de estoques e a implementação de soluções de entrega rápida e confiável, essenciais para manter a competitividade no mercado online.

A personalização da experiência do cliente é também um ponto chave nessa integração. Utilizando os dados coletados tanto online quanto em interações físicas, as empresas podem oferecer recomendações de produtos sob medida, ofertas customizadas e comunicação direcionada. A personalização é mais do que um recurso; ela é uma ponte que conecta o cliente à marca de uma maneira mais significativa, aumentando a fidelidade e a satisfação.

A tecnologia, especialmente com avanços em inteligência artificial, realidade aumentada e machine learning, é o catalisador dessa transformação. Imagine uma loja de roupas onde, ao entrar, você pode visualizar através de um aplicativo como diferentes peças ficariam em você, ou uma ferramenta online que recomenda produtos com base nas suas compras anteriores na loja física. Essas inovações não são apenas atraentes; elas são transformadoras, mudando a maneira como interagimos e experienciamos as compras.

A consistência no atendimento ao cliente também é vital. Deve-se garantir que o cliente receba o mesmo nível de serviço, seja interagindo online, por telefone ou pessoalmente. Isso cria um senso de confiabilidade e segurança, que são alicerces para a construção de um relacionamento duradouro com o cliente.

Integrar feedbacks e avaliações dos clientes em todos os canais também é um aspecto crucial. Permitir que avaliações feitas online influenciem as decisões de compra em lojas físicas e vice-versa, cria um ciclo de feedback valioso e fomenta a confiança e transparência.

As experiências de compra imersivas, que misturam o físico e o digital, são outra fronteira emocionante. Seja através de pop-ups interativos, quiosques digitais nas lojas ou eventos virtuais, essas experiências conectam os consumidores com a marca de maneiras inovadoras e memoráveis.

Além disso, a sustentabilidade e a responsabilidade social estão se tornando cada vez mais importantes para os consumidores. As marcas que destacam suas iniciativas nessas áreas, tanto online quanto offline, ressoam com um público que valoriza a ética e a sustentabilidade.

Um programa de fidelidade integrado, que funcione perfeitamente em ambos os canais, é outra estratégia eficaz para melhorar a retenção de clientes. Tais programas incentivam a lealdade e aumentam a frequência de compras ao oferecer recompensas tangíveis que são facilmente acessíveis, seja em uma loja física ou online.

Por fim, a adaptação às mudanças do mercado é essencial. Em um mundo onde tendências e comportamentos do consumidor estão em constante evolução, a capacidade de uma empresa de adaptar rapidamente suas estratégias de marketing, inventário e logística é crucial para manter a relevância e competitividade.

Assim, vemos que a integração entre o físico e o digital não é apenas uma estratégia de negócios; é uma redefinição de como as empresas se conectam com seus clientes. É uma jornada contínua de inovação, adaptação e personalização que define o sucesso no cenário comercial moderno.

11 LIDANDO COM OS DESAFIOS

A jornada para a digitalização, embora repleta de desafios, abre portas para um mundo de oportunidades incríveis. Em uma era dominada pela tecnologia, onde mais de 4,6 bilhões de pessoas estão ativas na internet segundo estatísticas de 2021, não aproveitar o potencial da digitalização significa ficar para trás na corrida competitiva. Neste capítulo, abordaremos práticas eficazes para lidar com mudanças de cultura, processos e tecnologia, essenciais para uma transição bem-sucedida para o digital.

Quando falamos em mudança de cultura, estamos nos referindo à necessidade de uma mudança de mentalidade dentro da organização. Cerca de 70% das transformações digitais falham, muitas vezes devido à resistência cultural, segundo um estudo do McKinsey Global Institute. Para superar isso, é fundamental que os líderes da empresa promovam uma cultura que valorize a inovação, a aprendizagem contínua e a adaptação à mudança.

Em termos de processos, a digitalização pode ser uma oportunidade para revisar e melhorar procedimentos existentes. Por exemplo, a Domino's Pizza transformou sua abordagem ao negócio ao integrar processos digitais, como pedidos online e rastreamento de entrega em tempo real, o que resultou em um aumento significativo nas vendas e na satisfação do cliente.

A mudança de tecnologia, por outro lado, exige uma abordagem cuidadosa na seleção de ferramentas e soluções que realmente atendam às necessidades do negócio. Um exemplo inspirador é o da Netflix, que começou como um serviço de aluguel de DVDs por correio e se transformou em um gigante do streaming, em parte devido à sua capacidade de adotar e se adaptar às novas tecnologias.

Ao longo deste capítulo, forneceremos métodos práticos e exemplos que ajudarão a navegar por essas mudanças, não apenas para sobreviver no ambiente digital, mas para prosperar nele. Vamos explorar estratégias concretas, desde a implementação de sistemas de feedback contínuo até a adoção de tecnologias emergentes, todas projetadas para garantir que sua empresa não apenas enfrente, mas se beneficie da transformação digital.

A Mudança de Cultura em meio à digitalização é um aspecto crucial e muitas vezes o mais desafiador na transformação digital de uma empresa. Quando nos referimos à cultura de uma organização, estamos falando de um conjunto de crenças, valores, práticas e comportamentos que definem o modo como uma empresa opera. No contexto da digitalização, a mudança de cultura implica uma transformação fundamental nesses elementos para abraçar as novas realidades e possibilidades trazidas pela tecnologia.

O primeiro passo nesta mudança é a conscientização e o comprometimento da liderança. Os líderes devem não só entender a importância da digitalização para a sobrevivência e crescimento da empresa em um mercado cada vez mais digital, mas também devem ser os principais defensores dessa transformação. Eles devem comunicar claramente a visão e os objetivos da digitalização, estabelecendo uma narrativa que alinhe a transformação digital com os objetivos gerais da empresa. Este comprometimento no topo é crucial, pois estudos mostram que iniciativas de mudança têm mais sucesso quando os executivos seniores estão envolvidos e apoiando ativamente.

No entanto, a mudança de cultura não é algo que ocorre apenas no topo. Ela deve permear todos os níveis da organização. Isso significa envolver ativamente os funcionários em todos os estágios do processo de transformação. A comunicação é fundamental aqui; os funcionários precisam entender não apenas o 'o quê' e o 'porquê' da mudança, mas também como ela afeta seu trabalho diário e o que ganham com isso. Abrir canais de comunicação bidirecional, onde os funcionários podem expressar suas preocupações e contribuir com ideias, pode ajudar a aliviar as tensões e promover a aceitação da mudança.

A capacitação dos funcionários é outro componente crucial da mudança de cultura. Com a digitalização, muitas habilidades tradicionais podem se tornar obsoletas, enquanto novas habilidades estão em demanda. Oferecer oportunidades de treinamento e desenvolvimento para que os funcionários possam adquirir novas competências digitais é vital. Isso não apenas prepara a força de trabalho para as demandas do futuro, mas também ajuda a construir um sentimento de valor e investimento na equipe.

Além disso, a mudança cultural envolve reavaliar e, se necessário, reformular os valores e normas da empresa. Isso pode significar encorajar a inovação, a experimentação e a aceitação do fracasso como parte do processo de aprendizagem. Em um ambiente digital, a agilidade e a capacidade de se adaptar rapidamente às mudanças são essenciais. Portanto, cultivar uma cultura que não apenas tolera, mas celebra a inovação e a criatividade é fundamental.

Logo, é essencial medir e acompanhar o progresso da mudança cultural. Isso pode ser feito por meio de pesquisas regulares de satisfação dos funcionários, feedbacks sobre sessões de treinamento e análise de indicadores de desempenho relacionados a objetivos digitais. Monitorar esses indicadores ajudará a empresa a entender o impacto da mudança de cultura e ajustar suas estratégias conforme necessário.

Em resumo, a mudança de cultura em um ambiente de digitalização é um processo complexo. Requer uma liderança forte, comunicação eficaz, envolvimento e capacitação dos funcionários, revisão dos valores organizacionais e monitoramento contínuo do progresso. Ao abordar cada um desses elementos com cuidado e consideração, as empresas podem navegar com sucesso na transição para uma cultura mais digital, alinhada com as exigências e oportunidades do mundo moderno. Embora a digitalização seja principalmente sobre a adoção de novas tecnologias, é fundamentalmente uma mudança na cultura e nos processos de uma organização. Esta mudança começa com a comunicação clara e o envolvimento de todos os níveis da organização.

A comunicação eficaz dos objetivos da digitalização é crucial para alinhar todos com a visão da empresa. Não se trata apenas de anunciar as mudanças, mas de criar um diálogo contínuo onde os funcionários se sintam parte do processo. Realizar workshops e reuniões regulares em diferentes departamentos permite que cada equipe compreenda como a digitalização afeta seu trabalho específico. Nestas sessões, é importante abordar as preocupações dos funcionários, ouvir suas sugestões e criar um sentimento de coletividade no esforço de transformação. Essa prática não só aumenta a aceitação da mudança, mas também pode gerar ideias valiosas que podem aprimorar o processo de digitalização.

Junto com a comunicação e o envolvimento, a capacitação e a educação são pilares fundamentais nesta transformação. Investir em treinamento para a equipe é um passo crucial na preparação deles para o novo ambiente digital. Isso pode incluir programas de capacitação em novas ferramentas digitais e métodos de trabalho. Quando os funcionários são treinados e se sentem confiantes no uso de novas tecnologias, eles são mais propensos a abraçar a mudança e contribuir de forma mais eficaz para os objetivos da empresa. Além disso, a capacitação contínua assegura que a equipe esteja sempre atualizada com as últimas tendências e práticas do setor. Essa abordagem não apenas melhora a eficiência operacional, mas também ajuda a fomentar uma cultura de aprendizado contínuo e adaptação.

A liderança pelo exemplo é outro aspecto crítico neste processo. Os líderes devem ser os primeiros a abraçar a mudança e mostrar seu compromisso com a digitalização. Quando os líderes demonstram entusiasmo e adotam novas tecnologias em suas próprias práticas, isso serve como um modelo motivador para toda a equipe. Por exemplo, se os executivos começarem a usar dados de análises digitais para tomar decisões ou adotar novas ferramentas de comunicação digital em suas reuniões, isso sinaliza a importância da mudança para o resto da organização. Essa atitude da liderança ajuda a criar uma cultura onde a inovação e a mudança são não apenas aceitas, mas são vistas como essenciais para o crescimento e sucesso da empresa.

Portanto, a comunicação clara e o envolvimento, juntamente com a capacitação e a liderança pelo exemplo, são componentes fundamentais na jornada de transformação digital de uma empresa. Ao adotar essas práticas, as organizações podem superar os desafios inerentes à mudança, criando um ambiente propício para inovação e crescimento sustentável.

Em conjunto com os aspectos culturais, uma das mais importantes etapas do processo gerencial é o mapeamento dos processos do seu negócio. Este processo envolve uma análise detalhada e a documentação dos procedimentos atuais. Ao mapear os processos existentes, a organização ganha uma compreensão clara de como as operações são realizadas, quais são os pontos de eficiência e ineficiência, e onde a digitalização pode trazer as melhorias mais significativas. O mapeamento de processos é como desenhar um mapa do tesouro; ele revela o caminho exato que deve ser seguido e os obstáculos que precisam ser superados para alcançar o objetivo da digitalização. Esse entendimento profundo é crucial para garantir que a transformação digital não seja apenas a implementação de novas tecnologias, mas uma reestruturação estratégica que alavanca a eficiência e a eficácia do negócio.

Após o mapeamento de processos, a próxima etapa é a automação gradual. A automação deve ser implementada de maneira estratégica e ponderada. Começar com processos simples permite que a equipe se familiarize com as novas ferramentas e abordagens antes de enfrentar desafios mais complexos. Por exemplo, uma empresa pode começar automatizando tarefas básicas como o agendamento de compromissos ou a gestão de pequenas bases de dados. À medida que a equipe se torna mais confortável com essas mudanças, a organização pode, então, avançar para sistemas mais sofisticados, como um CRM digital completo ou automação de marketing. Este método passo a passo não apenas facilita uma transição mais suave para a equipe, mas também permite que a empresa teste e refine as soluções digitais em um ambiente controlado antes de uma implementação em larga escala.

Por fim, o feedback contínuo durante e após a implementação é vital para o sucesso da transformação digital. Manter canais abertos de comunicação onde os funcionários podem compartilhar suas experiências, desafios e sucessos com as novas tecnologias é essencial. Este feedback é inestimável para identificar áreas que precisam de ajuste, entender melhor como as novas soluções afetam o fluxo de trabalho diário e garantir que os processos sejam continuamente otimizados. O feedback não deve ser visto apenas como um meio de identificar problemas, mas também como uma oportunidade para o crescimento e aprimoramento contínuos. A incorporação regular do feedback na estratégia de transformação digital permite que a organização se adapte de forma dinâmica às necessidades em evolução dos funcionários e do mercado, garantindo que a digitalização permaneça relevante, eficaz e alinhada com os objetivos de negócios da empresa.

Em resumo, a transformação digital bem-sucedida depende fortemente de um entendimento claro dos processos existentes, de uma abordagem gradual e ponderada para a automação e de um compromisso com o feedback contínuo. Essas práticas não apenas facilitam uma transição mais suave para as novas tecnologias, mas também garantem que a digitalização traga benefícios reais e duradouros para a organização.

A seleção criteriosa de ferramentas e tecnologias é outro pilar importantíssimo na estratégia de digitalização de uma empresa. Essa escolha não deve ser baseada apenas nas tendências de mercado ou nas soluções mais populares, mas sim na adequação dessas ferramentas aos objetivos específicos do negócio. Para ilustrar, considere uma loja de varejo que necessita de um sistema de Ponto de Venda (POS) eficiente e uma plataforma de e-commerce robusta. O sistema POS deve ser capaz de gerenciar transações de maneira ágil e integrar-se harmoniosamente com o inventário e com o sistema de e-commerce, proporcionando uma visão unificada de todas as operações de vendas. O e-commerce, por sua vez, precisa ser não apenas esteticamente agradável e fácil de navegar para o cliente, mas também seguro e eficiente no processamento de pedidos e pagamentos. A escolha dessas ferramentas requer uma análise detalhada das necessidades do negócio, considerando aspectos como escala de operação, tipo de produto ou serviço oferecido e as expectativas dos clientes.

Desenvolver parcerias estratégicas com fornecedores de tecnologia é outro passo crucial. Esses fornecedores não são apenas vendedores de produtos, mas parceiros no crescimento e sucesso do negócio.

Uma boa relação com fornecedores pode trazer benefícios significativos, incluindo suporte técnico contínuo, treinamento para equipes e atualizações regulares das ferramentas. Além disso, os fornecedores muitas vezes têm insights valiosos sobre como maximizar o uso das ferramentas escolhidas, oferecendo soluções personalizadas que podem otimizar ainda mais os processos de negócios. Por exemplo, um fornecedor de software de CRM pode não apenas fornecer o software, mas também ajudar a empresa a configurar fluxos de trabalho automatizados e analisar dados de clientes para melhorar as estratégias de marketing e vendas.

Finalmente, a implementação gradual e testada das novas tecnologias é fundamental para minimizar riscos e interrupções no negócio. Antes de implementar uma nova solução em larga escala, é prudente realizar testes com um grupo menor ou em uma parte menos crítica do negócio. Isso permite à empresa identificar e resolver problemas potenciais em um ambiente controlado, sem comprometer toda a operação. Os testes também fornecem uma oportunidade para ajustes e refinamentos, garantindo que a tecnologia esteja totalmente alinhada com as necessidades do negócio antes de ser adotada em toda a organização. Por exemplo, ao implementar um novo sistema de gestão de estoque, pode ser sábio começar com uma categoria de produto específica ou uma única loja antes de expandir para toda a rede.

Portanto, a seleção criteriosa de ferramentas, o estabelecimento de parcerias estratégicas com fornecedores e a implementação gradual são etapas essenciais na transformação digital de uma empresa. Essas práticas garantem que a tecnologia adotada não apenas atenda às necessidades atuais do negócio, mas também ofereça a flexibilidade e o suporte necessários para o crescimento e adaptação futuros. Ao abordar a digitalização com essa estratégia cuidadosa e metódica, as empresas podem maximizar o retorno sobre o investimento em tecnologia e estabelecer uma base sólida para o sucesso contínuo no ambiente digital.

Para aprimorar o entendimento do leitor sobre como as estratégias discutidas neste capítulo podem ser implementadas na vida real, vamos explorar um exemplo concreto: a digitalização de uma loja de roupas tradicional. Este exemplo ilustra como a mudança de cultura, processos e tecnologia se manifesta no ambiente prático do varejo, oferecendo insights valiosos e tangíveis que podem ser aplicados em diversos contextos de negócios.

Vamos considerar o exemplo de uma loja de roupas tradicional que está se aventurando na integração de suas operações físicas e digitais, um passo crucial na era atual do varejo. Esta loja, reconhecendo a importância crescente do comércio eletrônico e da presença digital, inicia sua jornada de digitalização com foco em três áreas principais: mudança de cultura, mudança de processos e mudança de tecnologia.

A gerência da loja percebe que a primeira barreira a ser superada é a resistência cultural à mudança. Eles começam realizando reuniões mensais para discutir os progressos e os desafios enfrentados no caminho da digitalização. Essas reuniões são cruciais para manter todos na empresa alinhados com a visão da digitalização e para tratar de quaisquer preocupações ou dúvidas que os funcionários possam ter. Além disso, a loja investe em treinamento para seus funcionários, especialmente em áreas como marketing digital e e-commerce. Este investimento em educação não só prepara a equipe para as novas ferramentas e estratégias digitais, mas também ajuda a fomentar uma cultura de adaptação e aprendizado contínuo, que é vital para o sucesso a longo prazo no ambiente digital.

No que diz respeito à mudança de processos, a loja começa implementando um sistema de inventário digital. Este sistema permite um rastreamento mais eficiente do estoque tanto na loja física quanto na plataforma online, garantindo que os dados de estoque estejam sempre atualizados e precisos. Isso é crucial não apenas para a gestão eficiente do estoque, mas também para oferecer uma experiência de compra confiável aos clientes online. Gradualmente, a loja introduz um sistema de Ponto de Venda (POS) integrado. Este sistema facilita uma experiência de compra fluida para os clientes, permitindo transações e devoluções sem problemas entre a loja online e física. A capacidade de oferecer uma experiência de compra omnicanal é um diferencial significativo no mercado atual.

Por fim, a mudança de tecnologia é abordada com a seleção de um software de e-commerce que seja fácil de usar tanto para a equipe quanto para os clientes. A simplicidade e a eficiência são chaves para garantir que a transição para o comércio eletrônico não seja apenas suave, mas também eficaz em atrair e reter clientes. Além disso, a loja começa a integrar ferramentas de marketing digital, como e-mail marketing e análise de dados de clientes. Essas ferramentas são fundamentais para entender melhor o comportamento do consumidor, personalizar a comunicação e criar estratégias de marketing mais eficientes e direcionadas. Além disso, a loja estabelece parcerias com fornecedores de tecnologia, garantindo suporte contínuo e atualizações regulares, o que é essencial para manter a relevância e a eficácia das ferramentas digitais escolhidas.

Em conclusão, a digitalização dessa loja de roupas é um exemplo prático de como as empresas de varejo podem e devem abordar a transição para o digital. Ao focar em mudanças culturais, processuais e tecnológicas, e ao fazê-lo de maneira estratégica e ponderada, a loja não só se prepara para o presente digital, mas também estabelece uma base sólida para o sucesso futuro em um ambiente de varejo cada vez mais dominado pela tecnologia. Ao abordar cada um desses desafios com estratégias claras e práticas, a loja de roupas consegue não apenas adaptar-se ao mundo digital, mas também aproveitar as novas oportunidades que surgem com a transformação digital. Esta abordagem metódica e gradual garante que a digitalização seja eficaz e sustentável a longo prazo.

12 BE BRAVE!

Seja "brabo"! Convido você a embarcar ativamente na jornada de digitalização do seu negócio. Você viu, ao longo das páginas, como a era digital desencadeou uma revolução nos negócios, exigindo uma adaptação constante e a reavaliação de estratégias tradicionais. Agora, desafio você a aplicar estes conhecimentos, transformando a teoria em prática.

A compreensão do seu público-alvo é a pedra angular desta transformação. Encorajamos você a mergulhar profundamente nas necessidades e expectativas dos seus consumidores, utilizando dados e análises para oferecer experiências personalizadas e aprimoradas. Esta abordagem orientada por dados não apenas melhora a oferta de produtos e serviços, mas também impulsiona a inovação e a competitividade.

A digitalização oferece uma oportunidade única de alcançar novos mercados e demografias. Incentivamos você a explorar estas novas fronteiras, pensando globalmente enquanto mantém suas operações adaptadas às realidades locais. Este equilíbrio entre a visão global e a ação local é vital para o sucesso no cenário digital.

Além disso, a inovação contínua é essencial. O mundo digital está em constante evolução, e sua empresa deve estar à frente, explorando novas tecnologias e tendências. Desafiamos você a ser um pioneiro em seu campo, desenvolvendo constantemente novos produtos e serviços digitais e adotando estratégias de marketing digital eficazes para fortalecer sua presença online.

Lembre-se de que a digitalização é um processo contínuo. Adaptar-se às flutuações do mercado exige flexibilidade e resiliência. Mantenha-se focado em conhecer cada vez mais o seu cliente e esteja comprometido com a inovação.

Enfatizamos a importância da proatividade no ambiente digital. As empresas devem encarar a inovação não como um projeto isolado, mas como um elemento integrado e vital em todas as suas operações. Isso significa ir além do desenvolvimento de produtos e serviços, para incluir a transformação de processos internos, a cultura organizacional e as estratégias de engajamento com o cliente.

No mundo digital, onde as tendências evoluem rapidamente, a capacidade de antecipar e reagir às novas demandas do mercado é essencial. Isso exige uma mentalidade voltada para o aprendizado contínuo e a experimentação, onde o fracasso é visto como uma oportunidade de crescimento. Encorajamos você a criar um ambiente onde a inovação seja incentivada e recompensada, onde suas equipes se sintam empoderadas para experimentar e onde a criatividade seja a norma, não a exceção.

Além disso, a resiliência e a flexibilidade são fundamentais nesta jornada. O cenário digital é muitas vezes imprevisível. Portanto, a capacidade de se adaptar rapidamente às mudanças, sejam elas tecnológicas ou de mercado, é crucial. Isso pode significar mudar de estratégia, redefinir objetivos ou até mesmo repensar modelos de negócios, e através do conteúdo abordado no livro, você tem ferramentas para isso. Sua empresa deve ser como água, fluindo e se moldando conforme o ambiente ao redor, mantendo sempre o foco no seu objetivo final: atender e superar as expectativas dos clientes.

Neste contexto, convidamos você a abraçar a transformação digital não como um fim, mas como um meio contínuo de crescimento e adaptação. O sucesso neste novo mundo digital não é definido pela chegada a um destino final, mas pela jornada de aprendizado, adaptação e inovação contínua. Seja ousado, seja resiliente e, acima de tudo, esteja sempre pronto para evoluir. É assim que você garantirá não apenas a sobrevivência, mas o florescimento do seu negócio no vibrante mundo digital.

Este livro foi o seu guia, mas a jornada de transformação digital é sua. Encorajamos você a aplicar estes princípios e estratégias, transformando os desafios em oportunidades e levando seu negócio a novos patamares de sucesso na era digital. A mudança começa agora, **e é você quem irá liderá-la**.

REFERÊNCIAS

[1] "Digital Transformation: Strategy to Execution". Isaac Sacolick. 2021.

[2] "Leading Digital: Turning Technology into Business Transformation". George Westerman, Didier Bonnet & Andrew McAfee. 2014.

[3] "The Digital Transformation Playbook: Rethink Your Business for the Digital Age". David L. Rogers. 2016.

[4] "Digital to the Core: Remastering Leadership for Your Industry, Your Enterprise, and Yourself". Mark Raskino & Graham Waller. 2015.

[5] "The Technology Fallacy: How People Are the Real Key to Digital Transformation". Gerald C. Kane, Anh Nguyen Phillips, Jonathan R. Copulsky & Garth R. Andrus. 2019.

[6] "Digital Disruption: Unleashing the Next Wave of Innovation". James McQuivey. 2013.

[7] "Digital@Scale: The Playbook You Need to Transform Your Company". Jürgen Meffert & Anand Swaminathan. 2017.

[8] "The Second Machine Age: Work, Progress, and Prosperity in a Time of Brilliant Technologies". Erik Brynjolfsson & Andrew McAfee. 2014.

[9] "Machine, Platform, Crowd: Harnessing Our Digital Future". Andrew McAfee & Erik Brynjolfsson. 2017.

[10] "Digital Transformation at Scale: Why the Strategy Is Delivery". Andrew Greenway, Ben Terrett, Mike Bracken & Tom Loosemore. 2018.

[11] "The Innovator's Dilemma: When New Technologies Cause Great Firms to Fail". Clayton M. Christensen. 1997.

[12] "Exponential Organizations: Why New Organizations Are Ten Times Better, Faster, and Cheaper Than Yours (and What to Do About It)". Salim Ismail, Michael S. Malone & Yuri van Geest. 2014.

[13] "Platform Revolution: How Networked Markets Are Transforming the Economy and How to Make Them Work for You". Geoffrey G. Parker, Marshall W. Van Alstyne & Sangeet Paul Choudary. 2016.

[14] "Lean Startup: How Constant Innovation Creates Radically Successful Businesses". Eric Ries. 2011.

[15] "The Fourth Industrial Revolution". Klaus Schwab. 2016.

[16] "Digital Vortex: How Today's Market Leaders Can Beat Disruptive Competitors at Their Own Game". Michael Wade, Jeff Loucks, James Macaulay & Andy Noronha. 2016.

[17] "Business Model Generation: A Handbook for Visionaries, Game Changers, and Challengers". Alexander Osterwalder & Yves Pigneur. 2010.

[18] "The Age of Surveillance Capitalism: The Fight for a Human Future at the New Frontier of Power". Shoshana Zuboff. 2019.

[19] "Digital Transformation: Build Your Organization's Future for the Innovation Age". Lindsay Herbert. 2018.

[20] "The End of Competitive Advantage: How to Keep Your Strategy Moving as Fast as Your Business". Rita Gunther McGrath. 2013.

[21] "Disrupting Digital Business: Create an Authentic Experience in the Peer-to-Peer Economy". R "Ray" Wang. 2015.

[22] "The Network Imperative: How to Survive and Grow in the Age of Digital Business Models". Barry Libert, Megan Beck & Yoram (Jerry) Wind. 2016.

[23] "New IT: How Technology Leaders are Enabling Business Strategy in the Digital Age". Jill Dyche. 2015.

[24] "The Digital Transformation Playbook: Rethink Your Business to Adapt and Thrive in the Digital Age". David L. Rogers. 2016.

[25] "Blockchain Revolution: How the Technology Behind Bitcoin and Other Cryptocurrencies is Changing the World". Don Tapscott & Alex Tapscott. 2016.

[26] "Competing in a Digital World: Four Lessons from the Software Industry". Michael A. Cusumano. 2014.

SOBRE O AUTOR

Mauricio Vellasquez é, antes de tudo, um seguidor de Jesus Cristo comprometido em pregar o evangelho e resgatar pessoas que se perderam durante a caminhada cristã. É Bacharel em Administração pela Academia da Força Aérea (AFA) e detém uma Pós-Graduação em Análise de Ambiente Eletromagnético pelo Instituto Tecnológico de Aeronáutica (ITA), a faculdade de engenharia melhor conceituada do Brasil. Possui formações e habilidades nas áreas de Ciência de Dados e Neuromarketing. Além disso é Piloto de Caça da Força Aérea, onde aprendeu sobre excelência e gerenciamentos múltiplos.

Durante sua jornada empreendedora teve contato com empresários de ramos diversos que tinham o desejo de "digitalizar" seus negócios. Muitos deles achavam que bastava criar uma rede social do negócio, fazer um post por dia, clicar no "impulsionar" e assistir o crescimento de seu faturamento. E assim muitos se frustraram.

Hoje tem a missão de recuperar o ânimo desses empreendedores através de conteúdos, consultorias, mentorias e serviços de processo de digitalização de negócios, missão que serviu de base para a criação deste livro.

www.ingramcontent.com/pod-product-compliance
Lightning Source LLC
LaVergne TN
LVHW081532050326
832903LV00025B/1754